图书在版编目（CIP）数据

粮改饲：一路歌声 满园春色 / 农业农村部畜牧兽医局，全国畜牧总站编. —北京：中国农业出版社，2021.9

ISBN 978-7-109-28399-2

Ⅰ. ①粮… Ⅱ. ①农… ②全… Ⅲ. ①畜牧业经济－经济发展－工作经验－汇编－中国 Ⅳ. ①F326.33

中国版本图书馆CIP数据核字(2021)第119343号

中国农业出版社出版
地址：北京市朝阳区麦子店街18号楼
邮编：100125
责任编辑：刘 伟 文字编辑：冯英华
责任校对：沙凯霖
印刷：北京通州皇家印刷厂
版次：2021年9月第1版
印次：2021年9月北京第1次印刷
发行：新华书店北京发行所
开本：889mm×1194mm 1/16
印张：7
字数：150千字
定价：98.00元

前言

PREFACE

粮改饲是党中央、国务院从深入推进农业供给侧结构性改革全局出发作出的重大部署。2015年中央1号文件确定开展粮改饲试点，2016年、2017年连续两年中央1号文件明确继续开展粮改饲试点。《国民经济和社会发展第十三个五年规划纲要》明确提出推广粮改饲和种养结合模式。2015年以来，中央财政累计投入资金97亿元，支持牛羊养殖场（户）和专业化服务组织，收储利用青贮玉米等优质饲草，大力发展草食畜牧业。农业农村部坚决贯彻落实中央的决策部署，把粮改饲作为推进农业供给侧结构性改革的重要举措，在“镰刀弯”地区及黄淮海地区有序推进，先后在河北、山西、内蒙古、甘肃、宁夏等多地召开会议，着力构建粮草兼顾、农牧结合、种养一体的农业发展新格局。各地畜牧兽医部门齐心协力，多措并举，切实保障了粮改饲试点工作有效开展。

近年来，粮改饲政策实施取得明显成效。粮改饲不仅促进了种植业结构调整，实现了玉米去库存的既定目标，而且在推动构建新型种养关系、助力精准扶贫、加快培育现代饲草产业等多个方面发挥了重要作用。实践证明，粮改饲既不浪费籽粒，又提高了农作物秸秆部分的利用率，减少了发展草食畜牧业对耕地的总需求，提高了籽粒玉米等谷物的供给保障能力。对粮食和食物安全而言，推进粮改饲就是“化草为粮”“藏粮于技”，进一步提高了食物安全的保障水平。

为系统总结“十三五”期间各地在粮改饲工作中积累的宝贵经验，进一步发挥粮改饲典型模式的示范引领和辐射带动作用，农业农村部畜牧兽医局和全国畜牧总站组织各粮改饲实施省区提炼总结各地的好做法、好经验，为“十四五”期间更好落实粮改饲政策奠定坚实基础。由于编写人员水平有限，尽管编写过程中进行了多次修改，仍会出现一些疏漏或不足，恳请同行多提宝贵意见，我们将在今后不断完善和提高。

目录

CONTENTS

粮改饲引领草食畜牧业高质量发展

“十三五”时期是我国决胜全面建成小康社会、决战脱贫攻坚的关键五年。以习近平同志为核心的党中央始终坚持把解决好“三农”问题作为全党工作重中之重，确立农业农村优先发展的总方针，启动实施乡村振兴战略，推动农业农村发展取得历史性成就。粮改饲作为党中央、国务院深入推进农业供给侧结构性改革的重大部署之一，肩负着推进种植结构调整和促进草食畜牧业提质增效的双重使命，在促进畜牧业转型升级、构建新型种养关系、助力脱贫攻坚等多个方面发挥了重要作用。

河北省塞北管理区青贮全株玉米试验田进行青贮作业（武殿森 摄）

一、粮改饲政策落实情况

五征集团青贮收获作业现场

“十三五”期间，农业农业村部会同财政部累计投入中央财政资金94亿元，支持“镰刀弯”和黄淮海地区部分省份实施粮改饲，推进种养结合，加快畜牧业发展。粮改饲地区各级政府和农牧部门坚持“巩固、增强、提升、畅通”八字方针，累计实施粮改饲面积6 800多万亩①，持续推进农业供给侧结构性改革，为实现草食畜牧业高质量发展打下了坚实基础。

（一）深入推动粮改饲政策落地见效，农牧民获得感、幸福感持续提升

结构调整有力有效 在粮改饲政策落实中，各地以调整粮饲结构为主，在稳定粮食生产的基础上，适度调减非优势区域籽粒玉米种植面积，共落实施粮改饲面积6 831万亩，收储全株青贮玉米等优质饲草19 066万吨，减少籽粒玉米3 575万吨，种植结构类型更加优化，区域布局更加合理，玉米收储压力得以减轻。部分地区充分利用盐碱地、撂荒地等改

苜蓿

燕麦

皇竹草

甜高粱

① 亩为非法定计量单位，1 亩≈ 667 米²。——编者注

云南阿里黄牛养殖有限公司黄牛饲喂青贮玉米

红寺堡区天源良种羊繁育养殖有限公司肉羊饲喂青贮饲草料

种苜蓿123万亩，高粱、燕麦、黑麦草等优质饲草料297万亩，收储苜蓿、高粱、燕麦、黑麦草等优质饲草料871万吨，进一步提高土地利用效率和效益。

富民兴牧增收增效 各地通过大力推广种植全株青贮玉米等优质饲草料，辐射带动农民在家门口就业挣钱。按照种植全株青贮玉米每亩1 030元地头价测算，加上节省的收获烘干等后期费用，粮改饲区域种植每亩全株青贮玉米比籽粒玉米平均增收200多元，累计增收136亿元，增收效益明显。优质饲草供给能力的提升改善了动物营养水平。荷斯坦奶牛年均单产从5.5吨提高到8.3吨，提升51%，生产每吨牛奶的平均精饲料用量从535千克减少到470千克，降幅超过12%；架子牛育肥每千克增重的平均精饲料用量从2.61千克下降到2.5千克，降幅4.2%；架子羊育肥每千克增重的平均精饲料用量从2.38千 克下降到2.28千克，降幅4.2%。一些地区牛、羊由季节性发情变成常年发情，母牛可实现1年1犊，母羊可实现2年3胎，繁殖效率大幅提升，极大地推动了草食畜牧业节本增效。

“全株青贮玉米＋精料补充料”全混合日粮精准饲喂技术

产业扶贫精准奏效 各地将落实粮改饲政策作为产业扶贫、精准扶贫的重要抓手，通过政策扶持引导、技术指导示范，推广饲草订单、土地流转托管、务工就业、母畜托管、合作养畜等模式，促进农牧民脱贫致富。广西、贵州、云南、甘肃、青海、新疆等省份还采取“公司+基地+贫困户”“产业园+精准扶贫”“土地流转+订单种植+贫困户”“党建引领+贫困户联建联养”等模式，引导养殖企业、养殖大户、专业收储企业与建档立卡贫困户建立青贮玉米种收储一体化利益共享机制，实现了发展现代草食畜牧业与脱贫攻坚的有机衔接。据统计，粮改饲实施以来，政策红利共惠及全国391个贫困县26.8万贫困户，为贫困县“全部摘帽”做出了积极贡献。

（二）持续深化农业供给侧结构性改革，草食畜牧业发展质效稳步增强

产业发展稳中提质 各地通过技术优化、企业培育、平台打造，不断提升草食畜牧业发展的质量效益。在政策激励和市场带动的双重作用下，以家庭养殖场、养殖合作社为畜牧业发展主体的规模化、集约化养殖发展迅速。“十三五”期间，参与粮改饲政策落实的养殖专业合作社、龙头企业、家庭养殖场和规模养殖大户分别达到4 329家、2 277家、923家和14.5万户。随着粮改饲政策不断推进，养殖结构也不断优化。与2015年相比，2020年粮改饲实施区域奶牛存栏数、奶产量占全国比重分别提高了3.4、3.8个百分点，平均单产水平提高了0.8%；肉牛能繁母牛存栏数、牛肉产量占全国比重分别提高了2.2、1.5个百分点，每头牛产肉率提高了11.5%；肉羊能繁母羊存栏数、羊肉产量占全国比重分别提高了3.0、4.3个百分点，每只羊产肉率提高了13.7%。通过推广“全株青贮玉米+精料补充料”全混合日粮精准饲喂技术，提高了生鲜乳中乳蛋白、乳脂肪等质量指标，缩短了肉牛、肉羊出栏时间，肉牛繁殖率提高90%。

广西汇创牧业有限公司畜禽粪污还田利用

合力养殖场越冬使用的青贮饲草料

绿色发展持续向好 各地引导规模养殖企业、专业合作社采取承包、流转等方式，流转耕地扩大饲草种植面积，突出一体化经营优势，将牛羊粪便还田用于青贮饲草料种植，减少40%以上化肥用量，提高土壤肥力，实现草食畜牧业绿色发展。内蒙古、云南、甘肃、青海、新疆等省份通过实施粮改饲，有效解决优质饲草料短缺问题，促进草食畜养殖从传统放牧向规模化舍饲转变，缓解天然草场载畜压力，2020年全国重点天然草原平均牲畜超载率比2015年下降了3.4个百分点，促进牧区生态生产协调发展。

机械化水平不断提升 通过实施粮改饲，推动形成了一批高度规模化、专业化的现代饲草产业集群，培育了一批专业“种、收、储、加、销”服务组织，直接参与粮改饲的专业收储企业达905家。草畜一体化和专业化饲草生产加工等经营方式加快发展，全国饲草料生产相关的机械装备数量达到近30万台（套），收获全株青贮玉米的大型机械装备支撑能力明显增强，苜蓿、燕麦等商品饲草生产全程机械化作业水平大幅提升。

全株青贮玉米收储现场

克东和平原生态牧业有限公司开展青贮压窖作业

牵引卧式TMR搅拌设备取用全株玉米青贮

二、多措并举推进粮改饲政策落实

（一）上下联动，凝聚工作合力

从国家层面看，国务院印发的《国民经济和社会发展第十三个五年规划纲要》明确提出推广粮改饲和种养结合模式。《全国种植业结构调整规划（2016—2020年）》提出，到

2020年，玉米种植面积调减5 000万亩以上，青贮玉米面积增加到2 500万亩。2015年、2016年和2017年的中央1号文件都明确了粮改饲的政策措施。农业农村部连续5年召开了推进粮改饲工作现场会、视频会和绩效评价会，对各地粮改饲工作进行部署。部领导高度重视粮改饲工作，韩长赋、陈晓华和于康震等部领导多次深入一线调研粮改饲政策落实情况，并就粮改饲推进工作做出专门批示。农业农村部畜牧兽医局出台了《粮改饲工作实施方案》和《粮改饲工作绩效评价办法》，连续3年组成督导和绩效评价小组对各地粮改饲工作进行督导和绩效评价。

从基层落实看，各地高度重视粮改饲工作，把粮改饲工作作为农牧部门年度重点工作部署推进，按照转移支付项目“大专项+任务清单”的新要求，早动手、早谋划、早部署，提升粮改饲实施效果和财政支出绩效。甘肃省、山东省、贵州省分别以省政府名义出台《关于深入推进农业供给侧结构性改革加快培育农业农村发展新动能的实施意见》《山东省推进“粮改饲”试点促进草牧业发展实施方案》和《贵州省人民政府关于加快推进山地生态畜牧业发展的意见》，支持开展粮改饲工作。各地始终将绩效管理工作贯穿于粮改饲政策落实的资金拨付与使用、任务完成监管全过程，各实施区域形成了“讲绩效、重绩效、用绩效”的浓厚氛围。

2016 年农业部部长韩长赋在山西省对粮改饲工作进行调研

2017 年农业部副部长于康震在粮改饲论坛上作主旨报告

2019 年在甘肃临夏召开全国粮改饲工作推进现场会，于康震副部长出席并讲话

（二）创新机制，激发试点效应

创新粮改饲政策落实的组织方式，形成中央统筹、省级负责、县级实施的工作机制，确保责任落实到位、任务分解到位。

在产业模式方面，各地探索推广种养一体化、产业联农化、中介服务化、龙头带动化、生产订单化、脱贫帮扶化等多种模式，家庭牧场、养殖合作社、专业收储企业、企业与家庭牧场股份合作等新型经营主体不断涌现。2020年，享受财政补助的牛羊养殖场（户）9万多户、饲草生产服务企业或合作社近8 000家。

在金融支持方面，各地积极开展政、银、企三方协作，创新金融支持模式，助推粮改饲实施。河南省建立粮改饲实施主体单位和省畜牧担保公司担保贷款合作平台，为优质草畜养殖场和饲草公司担保贷款1.86亿元，有效解决了养殖场青贮期间需要大量流动资金问题。内蒙古科尔沁右翼前旗财政投入2 600万元，成功带动信贷机构及社会投资9 600多万元用于青贮饲草料产业发展。河北省“青贮贷”、山西省“新农贷”和“青贮贷”、青海省“授信池”也成功突破了收储资金缺口大的瓶颈制约。

（三）多措并举，强化全程监管

各地坚持政府引导、因地制宜、种养结合、为养而种的原则，加强政策协调，细化政策措施，量化目标任务，扎实推进粮改饲政策落实、落地。

强化精准管理　在青贮饲草料收储关键期，各地全面调度青贮饲草料种植产量、价格效益、收储数量、使用效果、生产方式等数据信息，及时准确掌握粮改饲实施进度。

加强绩效监管　全面推进政策绩效评价，以绩效结果作为后续政策试点调整依据。各地严格按照《粮改饲工作绩效评价办法》要求，以投入过程、产出效果为目标，组织开展年度绩效评价，着力把粮改饲成效落到实处、评出实效。

加强部门协作　在收储关键期，各地畜牧部门积极与公安、交通、安监等部门沟通协作，为青贮运输车辆开辟绿色通道，确保收储工作安全有序开展。

农业部畜牧兽医局派绩效考核组对各试点省进行绩效评价

粮改饲绩效考核工作现场

（四）科技支撑，催生发展动力

全国畜牧总站和中国农业科学院北京畜牧兽医研究所组织实施粮改饲—优质青贮行动计划，建立优质青贮规范体系，从全株青贮玉米种植、调制、评价、利用等方面进行全方位的技术服务和示范推广，连续3年举办青贮质量评鉴大赛，发布《中国全株玉米青贮质量安全报告》，有效提高了青贮饲草料质量和养殖技术水平。各地积极开展青贮玉米和优质饲草新品种试种、田间试验和青贮饲草料质量评价，筛选构建出适合不同区域、高产高效的草草轮作、粮草轮作和套种混播等多种模式。其中，宁夏构建和推广“黑麦草/青贮玉米一年两茬”模式，每亩实现纯收益1 320元，较单一种植青贮玉米增收420元。

2018—2020年度中国全株玉米青贮质量安全报告

第四届中国青贮饲草料质量评鉴大赛颁奖典礼

粮改饲种植模式探索——“苜蓿—冬枣”林草间作种植模式

三、粮改饲政策落实中存在问题

（一）青贮质量状况差异较大

据农业农村部全株玉米青贮质量跟踪评价结果显示，我国粮改饲试点地区全株玉米青贮质量85%以上达到良好水平。但不同地域、不同畜种、不同养殖规模全株玉米青贮质量之间存在一定差距，粮改饲地区全株玉米青贮质量不平衡问题仍较为突出，如黄淮海地区明显高于华南、西南地区；奶牛养殖企业明显高于肉牛、肉羊企业。特别是华南、西南地区，肉牛、肉羊养殖基础较为薄弱，标准化规模养殖水平整体较低，青贮饲草料质量不高，利用率较低。

（二）收储流转资金短缺问题突出

粮改饲补助资金采取“先收储后补贴”管理方式，收储主体难以在短时间内筹措大量流动资金满足收储需求，在很大程度上影响收储进展和收储量。由于信贷资金供给渠道狭窄，银行借贷门槛高、手续烦琐，收储主体难以贷到足够的流转资金。

（三）品种选择有待进一步优化

受当地气候因素、土壤情况、栽培措施以及不同品种自身特性的影响，不同青贮玉米品种的种植表现不一致，各地在专用青贮玉米和粮饲兼用青贮玉米品种的选择上还存在问题，未能根据不同气候类型选择适宜品种，青贮质量、饲喂效果未能达到预期目标。

（四）社会化服务体系基础比较薄弱

尽管在粮改饲政策的带动下，各地积极培养各类新型青贮经营主体，专业收储企业的数量较以往有一定增加，但仍难以满足当前全株玉米收储的需求。“十三五”期间，虽然平均有40%的土地通过流转集中到专业收储企业、家庭农场、养殖合作社等新型农业经营主体手中，但目前大多数专业收储企业小而弱，服务能力低，存在着土地租金负担沉重、市场竞争力不高、缺少稳定的营销渠道等问题。

（五）专业收储机械不足

青贮饲草料收储量大、作业时间集中，机械化程度要求高。大型收储机械价格高、用途单一，多数种养户承担不起，很多地区在收储季节出现“一机难求”。云南、贵州、广西和青海等省份丘陵山区田块细碎，高低不平，机耕道路缺乏，收储机械下田难、作业难，加之青贮饲草料破碎度要求高，收储季节无机可用。

四、深入推进粮改饲政策相关建议

（一）扩大政策覆盖面

扩大中央财政资金规模，以北方农牧交错带为重点，扩大粮改饲面积，鼓励扩大苜蓿、高粱、黑麦草、甜高粱以及其他优质饲草料品种种植面积。

（二）扩大补贴资金使用范围

在稳定大型养殖企业自用基础上，加大对专业饲草料收储加工企业的支持力度，提高优质饲草料商品化供应能力，推动和满足中小养殖户对青贮饲草料的需求。鼓励各地探索创新大型收获机械融资租赁、贷款补贴和青贮窖建设补贴等政策落实方式。

（三）加强科技研究攻关

优化整合科技资源力量，充分发挥技术研发平台、科技创新联盟的作用，推动产学研用深度融合，安排专项支持技术研究与试验示范，支持适宜丘陵山区收储机械研发、优质青贮饲草料制作加工技术和各畜种日粮配方技术研究，为扩大粮改饲政策落实提供技术支撑。

深化拓展粮改饲模式典型示范

粮改饲政策实施以来，各地立足资源禀赋，优化产业布局，创新管理机制，在生产实践中形成了一系列可持续、可复制、利益共享、风险共担的产业发展模式。粮改饲模式已成为草食畜牧业可持续发展的先行者、引领者。

一、“为养而种”草畜结合生产模式

粮改饲地区立足自身特点，突出一体化经营，推广“畜牧养殖—牧草种植—牲畜粪污资源化利用”种养一体化循环生态养殖模式，助推草食畜牧业发展转型升级。参与粮改饲实施的养殖场（户）流转土地自种、种养一体化经营比例约40%，内蒙古、辽宁、青海等省份达60%以上。养殖企业利用自有土地或采用流转、租赁等方式，建立自己的饲草生产基地，降低养殖成本，保障饲草料常年均衡供应，促进草食畜牧业循环健康发展。例如，山东省东营市河口区的神州澳亚现代牧场有限公司、商河县现代牧业有限公司、贵阳三联乳业等公司推广“养殖企业+自有种植基地+

产品加工销售”全产业链运营模式，在养殖场周边租赁土地，建立青贮饲草料种植基地，由公司统一管理，全程机械化作业，构建了有机循环、自主可控、安全高效的产业链。

二、“种养链接”草畜联动生产模式

粮改饲地区通过建立订单生产和合同收购，探索形成了“养殖企业+种植合作社”“养殖企业+专业收储组织+农户”“养殖企业+肥料加工厂+种植合作社”等合作模式，紧密联结养殖、种植、收获、加工、销售环节，构建利益联结机制。该模式解决了种植户标准化生产和销售问题，也为养殖企业形成稳定的饲草供应链和为节本增效创造了条件。例如，山西省大同市南郊区四方高科万头奶牛园区带动相关养殖园区与当地及周边县区农户签订种草订单，发展牧草基地2.1万多亩，购置4台大型收储机械，统一收获、加工和青贮。

种植户交售全株青贮玉米场景

种植户上交优质青贮玉米

种植户领取全株青贮玉米交售款现场

三、“龙头带动”全产业链条有效延伸模式

粮改饲地区通过政府引导，龙头企业组织养殖合作社、养殖场（户）、种植农户参与草食畜牧业产业链条，形成“龙头企业+合作社+农户”“龙头企业+基地+农户”等多种合作模式，建立产加销一体化的运行机制。该模式上连政府和龙头企业、下连养殖场（户）和种植农户，有效解决了龙头企业与政府、市场、农民的对接问题。例如，山西省天镇县中地万头奶牛园区流转耕地6 600亩种植苜蓿，由甘肃亚盛田园牧歌草业集团提供全程统管统收高效管理的种管收储草业服务，实现了龙头企业、草业服务公司、农户三方共赢。

流转土地种植苜蓿

大型苜蓿包膜青贮加工现场

苜蓿机械收割现场

苜蓿半干青贮加工

四、“饲草集约化”高效生产模式

粮改饲地区因地制宜推进规模化种植、机械化作业和标准化生产，饲草企业通过流转连片土地，集中种植优质牧草，加工青贮裹包、草捆等草产品，形成了饲草种加销一体化的产业基地。并与养殖场（户）建立合作关系，根据养殖需求分期配送，不仅实现了青贮饲草标准化、优质化和安全化，还大大减轻了养殖场（户）的流动资金压力。例如，河南省泌阳县恒兴农民种植合作社在统一规划、统一种植、统一管理、统一机械化收割、统一加工和统一销售的基础上，探索形成了“合作社+基地+农户+养殖企业”运作方式以及“合作社—生产—加工—销售”的产供销一体化循环模式。既解决了农民种植青贮玉米管理、收割、运输、销售难的问题，又解决了养殖企业收购青贮饲草料难和粪污消纳难的问题。

统一种植管理青贮玉米

统一机械化收储

青贮裹包

统一销售

五、“中介组织”专业服务收储模式

粮改饲地区采取“合作社+中介组织（经纪人）+农户”的模式，签订种植、收储和粪肥还田协议，组织统一收获、运输、结算。该模式打通了小型种植农户与养殖场的通道。例如，山西省阳高县首创草业与内蒙古蒙牛乳业（集团）股份有限公司签订青贮饲草料订单合同，与周边8个村1 200余户农民签订种草合同，组织农户按龙头企业要求种植饲草，并统一收储。

青贮玉米种植

青贮玉米

六、“村集体经济”合作共享模式

在青贮饲草料收储关键期，基于对青贮技术和专业收储机械的迫切需求，试点地区探索出了“企业+农村集体经济+农户”模式，通过由财政投资建设专业收储加工厂房的农村集体经济，解决了养殖企业收储分散种植农户生产的青贮饲草料的压力。例如，云南双柏县大庄镇、法脿镇和安龙堡乡整合涉农资金258万元建立村集体经济所有的青贮饲草料加工厂，农村集体经济利用40万元收益统一采购玉米种子，免费发放给贫困户，帮助贫困户脱贫增收。

青贮玉米运输

七、“产业发展”助力精准脱贫模式

贫困地区将粮改饲作为产业扶贫的重要抓手，探索形成了多种行之有效的模式，带领建档立卡贫困户分享粮改饲的收益。企业利用自身优势，通过技术、品种、种植和订单“四统一”方式，带动贫困户发展青贮饲草料产业的饲草订单模式。贫困户将土地以每亩可以拿到800～1 000元租金的土地流转托管模式流转给养殖企业。通过贫困人口先培训再就业，帮助其掌握相应技能，进入养殖企业务工，增加工资性收入的务工就业模式。贫困户把资金委托给养殖企业或合作社，代购基础母牛、母羊，签订寄养协议，按协议分红托管的母畜。贫困户联合成立养殖合作社，与龙头企业签订育肥牛羊回收协议，由企业进行养殖技术培训，合作社统一收储青贮玉米、统一购畜、统一防疫、统一销售。

龙州县亮剑合作社为种植青贮玉米农户（贫困户）发红利

粮改饲促结构优化 助力河北奶业振兴

河北省

● 河北省农业农村厅

河北省作为首批享受国家粮改饲政策的省份，“十三五”期间，坚持以保证粮食安全为前提，以种植业结构调整为主线，以促进草食畜牧业健康发展和农民增收为目标，充分发挥财政资金引导作用，积极探索实施粮改饲有效途径，引导农民开展种植结构调整，先后有3个市列为项目市、36个县列为项目县，累计落实全株青贮玉米及优质饲草种植面积918.54万亩，完成青贮2 433.36万吨，实现了种养两个环节双赢，为加快推进种养结构优化，促进奶业振兴做出了巨大贡献。

青贮玉米种植

一、工作成效

（一）项目带动，提升养殖效益

通过项目实施，规模养殖场全部建成自有或合同流转订购的青贮饲草料种植基地，奶牛场泌乳牛100%饲喂全株青贮饲草料，肉牛、肉羊养殖逐渐向全株青贮饲喂转变。奶牛饲喂全株青贮饲草料显著提高了产奶量，提升了奶品质；肉牛、肉羊饲喂全株青贮饲草料显著提高了干物质采食量和日增重，降低了料重比和饲喂成本。

（二）全面调整，增加种植收益

全株青贮玉米种植比籽粒玉米减少了种植工作环节，减轻了人员劳动强度，缩短了种植周期，明显增加了种植收益，同时减轻了籽粒玉米的收储压力。种植全株青贮玉米比种植籽粒玉米每亩增收150～200元，种植效益提高17%～23%。

青贮玉米压窖现场

河北省张家口市塞北管理区粮改饲全株青贮玉米收获场面

（三）收储对象更加均衡

全株青贮玉米收储对象由过去单一的奶牛养殖场逐步向肉牛、肉羊及专业化收储组织转变。粮改饲实施区域肉牛、肉羊养殖场青贮量已经占据全部青贮量的30%，其中隆化县50%以上的肉牛养殖转向了饲喂全株青贮。

（四）减少污染，凸显生态效益

河北省积极整合各种政策，推广适宜发展模式。宁晋县采用“秸秆饲喂—粪污生产沼气—沼渣还田”，固安县采取“秸秆饲喂—粪污固液分离—发酵还田”等可持续循环发展模式，均起到了积极示范作用。秸秆“过腹还田”转化为畜产品，不仅能改善农业生产条件和生活环境，促进农牧生产良性循环，还能有效减少秸秆焚烧带来的大气污染，为改善京津冀大气条件、建设美丽河北做出了一定贡献。

奶牛挤奶转盘

全株青贮玉米饲喂肉牛

二、主要措施

（一）强化组织领导，超前安排部署

河北省委、省政府每年把粮改饲工作纳入全年重点工作，并明确目标任务。成立粮改饲工作领导小组，负责组织、协调和指导全省粮改饲种植结构调整，把粮改饲工作纳入省农业农村厅重点，早安排、早谋划、早落实。

冯雪领二级巡视员在保定市调研粮改饲工作

（二）把握支持原则，有序推进试点

坚持种养结合、因地制宜，合理确定饲草料品种及种植面积，实现草畜配套、就近转化。综合考虑资源禀赋、消费市场等因素，鼓励整市、整县推进。坚持规模种植，鼓励开展专业化、规模化、标准化饲草料种植。

（三）发挥项目作用，助力产业扶贫

粮改饲补助资金分配每年向贫困县尤其是深度贫困县倾斜，在土地流转、青贮饲草料收购、养殖用工等方面向建档立卡贫困户倾斜，带动农户脱贫。

（四）创新工作机制，推广典型经验

一是为缓解养殖户收储资金压力，粮改饲实施区域收储补贴资金到达财政后，财政部门凭收储户订单收购合同协议拨付部分资金；二是完善金融政策，加强与各类金融机构的协作，积极创新农业金融产品和服务，引导和激励金融资金参与粮改饲，建立信贷担保体系、青贮贷等。这两种途径有效缓解了收储主体收储时间集中、资金需求量大和周转资金不足的矛盾。三是滦州、鹿泉等地以政府采购方式聘请第三方评估机构，进行现场勘验，“一个指标、一把尺子”，提高了项目质量。

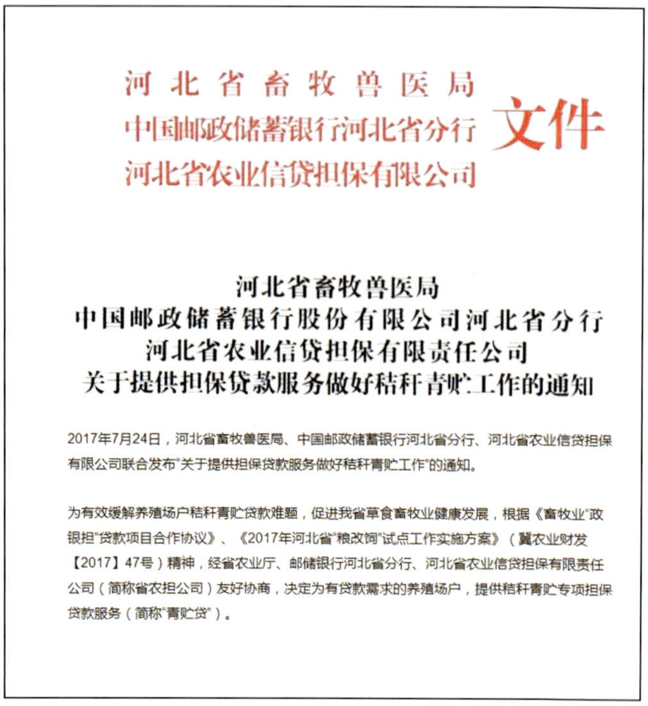

河北省畜牧兽医局
中国邮政储蓄银行河北省分行
河北省农业信贷担保有限公司
文件

河北省畜牧兽医局
中国邮政储蓄银行股份有限公司河北省分行
河北省农业信贷担保有限责任公司
关于提供担保贷款服务做好秸秆青贮工作的通知

2017年7月24日，河北省畜牧兽医局、中国邮政储蓄银行河北省分行、河北省农业信贷担保有限公司联合发布“关于提供担保贷款服务做好秸秆青贮工作”的通知。

为有效缓解养殖场户秸秆青贮贷款难题，促进我省草食畜牧业健康发展，根据《畜牧业“政银担”贷款项目合作协议》、《2017年河北省“粮改饲”试点工作实施方案》（冀农业财发【2017】47号）精神，经省农业厅、邮储银行河北省分行、河北省农业信贷担保有限责任公司（简称省农担公司）友好协商，决定为有贷款需求的养殖场户，提供秸秆青贮专项担保贷款服务（简称“青贮贷”）。

关于提供担保贷款服务做好秸秆青贮工作的通知

（五）强化技术支撑，加强宣传推广

充分利用电视、广播、报纸杂志、互联网等媒体，开展主题突出、形式多样的宣传报道。举办河北省粮改饲促进草牧业发展峰会、粮改饲实施主体青贮饲草料质量评鉴大赛、粮改饲系列培训、现场观摩等大中型活动，为粮改饲政策落实营造良好的舆论环境，带动全省青贮玉米质量全面提升。

2016年河北省首届“粮改饲”促进草牧业发展峰会

2020 年河北省全株青贮玉米及优质饲草加工利用技术培训班

2020 年河北省青贮饲料质量评鉴大赛颁奖仪式

稳步推进粮改饲试点进程 努力打造北方农牧交错带草牧业发展新亮点

山西省

● 山西省农业农村厅

燕麦草种植

山西省认真贯彻农业供给侧结构性改革的决策部署，以雁门关农牧交错带为中心，以推进粮改饲为重要抓手，大力发展草食畜牧业，实现了经济效益和生态效益的双丰收。山西省自2015年开始实施粮改饲项目，从最初的3个试点县逐步扩大到2020年的90个项目县，粮改饲实施面积由30.5万亩扩大到89.2万亩，增长了近2倍。6年累计获得中央资金支持5.18亿元，粮改饲工作逐步成为山西省雁门关农牧交错带发展的新亮点。近年来，山西省以创新作为粮改饲和草牧业发展的主要驱动力，通过创新运行机制和发展模式，以及强化部门协作、推进地方立法、推广先进技术等多项举措推动粮改饲和草牧业持续健康发展。

苜蓿收获作业

青贮现场

万吨的青贮窖一角

一、创新运行机制，激发饲草料企业活力

山西省创新工作思路，完善工作机制，粮改饲和饲草种植加工企业强强联合，实现机械、技术、市场等要素共享，激发饲草企业活力，促进了饲草产业的快速健康发展。在饲草产业发展中做到了四个结合，即种植与收储相结合、北部与南部相结合、复播与饲草相结合、生产与科研相结合。以北部与南部相结合为例，山西省南北狭长，跨度较大，北部农牧交错带最早实施粮改饲项目，草牧业较为发达，南部地区为冬小麦主产区，有良好的农业生产条件。山西省积极引导饲草种植加工企业与小麦种植主体开展小麦复播与饲草种植对接，充分利用晋南地区麦后耕地、光、热等资源提高复种指数，丰富青贮玉米加工调制种类，鼓励企业在全省布局规划饲草产业，带动南部草产业发展。

裹包青贮

二、创新发展模式，促进产业融合发展

近年来，山西省坚持以养带种、以需求带动粮改饲项目实施，创新草牧业发展模式，建立草畜一体化示范点，发展现代化养殖示范场，推广“牧繁农育”“种养结合，农牧循

现代化奶牛养殖企业

苜蓿半干青贮加工

饲喂全株青贮玉米

环”“产业化发展”“草畜一体”“产业联盟”“公司+基地”等发展模式，受到农业农村部肯定并在全国推广。以草畜一体化模式为例，该模式是规模养殖场和种草企业采用土地流转等方式，集中连片种植全株青贮玉米等优质牧草，形成草畜有机结合、产业间相互促进的模式。既降低了养殖成本，又保障了优质饲草料供应，促进了种植和养殖的提质增效，达到了稳定发展的目的。例如，大同市天镇县“中地万头奶牛园区”集中流转耕地1万多亩种植苜蓿，并引进了甘肃亚盛田园牧歌草业集团提供全程专业化的种管收储草业服务，收贮全株玉米6万吨，带动天镇、阳高两县2万多亩籽粒玉米实现粮改饲，直接带动农民增收近千万元。通过统管统收高效管理的模式，促进了产业相互融合，实现了龙头企业、草业服务公司、农户三方共赢。

三、强化部门协作，提升产业发展水平

山西省积极实施青贮玉米和苜蓿等优质饲草高效节水灌溉工程，与水利部门密切配

合，对苜蓿等饲草种植的节水灌溉工程给予资金扶持，大力开展管灌、喷灌、微灌为主的高效节水工程建设，显著提升了苜蓿生产基地灌溉工作的机械化、现代化水平。与农机部门协作配合，积极开展牧草生产全程机械化技术示范，逐步探索形成了一套适宜当地饲草机械化生产的技术模式，在广大饲草种植生产大户中产生了良好的示范引领作用。

四、推进地方立法，促进草牧业健康发展

2020年1月1日，《山西省促进雁门关农牧交错带发展条例》正式施行。条例对全省发展草牧业做出了明确规定，对实施粮改饲项目起到了积极推动作用，特别是规定了“进行跨区作业的牧草收割机、运输牧草收割机的车辆，在全省范围内免交车辆通行费”，方便了跨区作业收割青贮玉米的企业主体，促进了粮改饲项目顺利推进。这项优惠政策通过地方性法规形式制定出台，在全国尚属首例，促进了牧草机械的有序、高效利用，切实促进了全省草牧业的健康发展。

五、推广先进技术，助推产业提质增效

山西省粮经饲三元结构调整发展草牧业朔州现场会

在实施粮改饲工作的进程中，山西省积极探索推广青贮玉米深松密植高产技术、青贮玉米大豆复合带状种植技术和苜蓿全程机械化生产技术等新技术，并组织专家开展了《苜蓿全程机械化生产技术标准》的起草和制定工作。其中，青贮玉米深松密植高产技术是通过创新工作思路将籽粒玉米的生产新技术移植应用到青贮玉米的种植上。青贮玉米深松密植高产技术不但能够大幅提高青贮玉米产量，而且预计可以比当地青贮玉米亩产提高50%左右，亩产可达到6吨以上。同时，实现地膜零使用，杜绝了土壤白色污染。青贮玉米大豆带状复合种植技术可以通过豆科植物固氮的特性节约玉米生长需要的氮肥，培肥地力。同时，将青贮玉米和豆科牧草进行统一收割混储，可以提高青贮玉米的蛋白含量，减少蛋白饲料的添加量，提升了青贮的质量，进一步助推草食畜养殖提质增效。

山西省将紧紧抓住国家给予的政策机遇，紧扣农业供给侧结构性改革调整，持续扩大粮改饲实施范围，提升粮改饲发展水平，着力打造全国粮改饲示范区及北方农牧交错带农业结构调整核心区。

以粮改饲为抓手 调整结构添动力 助力畜牧业高质量发展

内蒙古自治区

● 内蒙古自治区农牧厅

内蒙古自治区借助粮改饲项目有利契机，大力实施稳羊增牛战略，推动种植业结构调整和畜牧业高质量发展。肉牛存栏从全国第八上升到第四，牛肉产量从第四跃居全国第二，肉牛产业产值400亿元以上；牛奶连续3年实现恢复性增长，奶牛存栏和牛奶产量居全国第一。内蒙古是全国唯一牛奶产量过600万吨的省份，乳业成为超千亿级产业；也是唯一羊肉产量过百万吨的省份，肉羊产业产值800亿元以上。其成效主要得益于，始终把粮改饲作为农牧业供给侧结构性改革的切入点，大力调整种养结构，过腹增值，打造“粮仓+奶罐+肉库”升级版；始终把粮改饲作为畜牧业“稳羊增牛”和种植业“稳粮优经扩饲草”有机结合的着力点，推动单一的种植业大县和养殖业大县向种养结合大县转变，推动养殖增量由牧区向农区转移；始终把粮改饲作为推动草食畜牧业“降成本，提效益”的关键点，探索出了一条以生态优先、绿色发展为导向的高质量发展新路子。

一、农牧结合，以养促种，大力推动农牧业结构调整和效益提升

（一）推动人工种草快速发展

发挥土地集中连片的优势，压减“镰刀弯”冷凉干旱地区和农牧交错区籽粒玉米种植面积，引导农牧民引草入田、以草换肉，形成了由让我改种、让我收储转向我要改种、我要收储的良好局面。积极推进与种植大户、合作社等规模化种植主体的对接合作，形成了以粮饲兼用玉米为主，以专用青贮玉米为辅，以苜蓿、燕麦草等优质牧草为补充的一批规模化、专业化优质饲草料生产基地。全区种植青贮面积超1 500万亩、苜蓿658万亩、其他人工种草1 000万亩，种储运一体化饲草产业产值达到百亿元，延伸了饲草产业链条，成为全区新的优势特色产业。

巴彦淖尔市五原县益川肉羊养殖场玉米种植基地

全株青贮玉米收获现场

青贮封窖

（二）培育形成一批牛羊大县

按照农牧结合路径，种养业互促发展思路，推动农区从以种植业为主的单一结构向种养一体化发展转变，建设一批种养结合的牛羊大县。全区万头以上奶牛大旗（县）达到37个，10万头以上肉牛大旗（县）达到34个，百万只以上肉羊大旗（县）达到27个，实现了养殖增量由牧区向农区转移，为牧区牲畜头数稳定或减少争得了空间，达到了草原保护和“禁牧不禁养、减畜不减肉、减畜不减收”的目的。

（三）加快转变养殖方式

大力实施养殖标准化行动，推广“苜蓿+全株青贮+精料补充料”全价日粮饲喂。粮改饲项目旗（县）肉牛繁殖成活率达到90%以上，提高了30个百分点，核心地区达到百母百子，饲养方式由单纯繁育向育肥转变；肉羊整体实现2年3胎、1胎多羔，部分地区实现1年2胎；奶牛规模牧场全部实现全株青贮全混合日粮饲喂，泌乳牛单产达到9吨，生鲜乳主要指标达到发达国家水平，实现单产和品质双提升。肉牛、奶牛通过全株青贮饲喂方式分别增收2 000元和1 700元；育肥牛、育肥羊饲料成本平均每头分别降低500元左右和40元左右。

二、因地制宜，突出特色，形成符合实际、切实可行的粮改饲模式

（一）整村整乡整县推进模式

2018年和林格尔县粮改饲青贮玉米收贮现场会

在肉牛主产区，选择青贮玉米种植面积大、牛羊养殖优势突出且具有收储习惯和基础的旗（县、区），把种养结合户作为补贴对象，采取整村整乡整县推进模式，推动牛羊自繁自育、直线育肥及专门化育肥。仅通辽市种养结合户就达17.3万户，占到肉牛养殖场（户）的85%，肉牛年均增长4%，30%以上肉牛实现育肥出栏。

（二）种植、配送、收储三方联动模式

在奶牛主产区，把规模化养殖场作为收储补贴对象，采取“农户种植+第三方配送+养殖场收储”的模式。既保证了农户青贮玉米集中连片和订单种植的积极性，也保证了养殖场对高品质青贮的需求，形成了稳定的饲草供应链。奶牛大县和林格尔县通过三方联动，订单青贮收储量占到了全县青贮产量的95%，青贮平均干物质33.4%、淀粉28.6%，压窖密度750～810千克/米^3。

收获后的青贮玉米进场

青贮压窖

裹包青贮

（三）饲草企业集中收储模式

在青贮不普及的地区，积极采取饲草加工流通企业以裹包形式集中收储，冬春季节投放市场，在满足草食家畜优质饲草料需求的同时，有效解决了牧区因灾饲草短缺问题。

三、政策联动，项目融合，形成粪肥青贮良性互动的生产机制

借助粮改饲项目与畜禽粪污资源化利用整县推进，以养肥地、种养对接、就地消纳，支持养殖场与订单种植青贮户签订粪肥还田协议，有效提高了耕地质量，减少了化肥用量，提高了青贮品质。

（一）大型养殖企业自行循环型

磴口县支持圣牧高科在乌兰布和沙漠种植有机青贮玉米和苜蓿22万亩，日产有机原奶1 300吨，形成了封闭循环的有机生态圈。

（二）养殖企业与青贮种植户结合型

和林格尔县支持正大百万生猪基地，在青贮地粪肥还田，每年为伊利优然牧业提供9 000亩的优质饲草料，保障有机牛奶生产，成为首批国家“种养结合示范基地”。

（三）政府和社会资本合作型

翁牛特旗政府支持牧原企业建设集中连片田间液体粪肥输送管网和储存设施，年产1.325万立方米有机肥和150万立方米液肥，为5.22万亩青贮玉米施肥灌溉，实现了种养循环绿色发展。

粮改饲优化种养结构 草牧业发展提质增效

辽宁省

● 辽宁省农业农村厅

辽宁省位于我国东北地区南部，北处世界黄金玉米带，南临黄海、渤海，西交内蒙古草原牧区，是国家粮食主产区和畜产品、水产品、优质水果及多种特产的重点产区。“十三五”以来，辽宁省认真贯彻落实国家粮改饲项目，围绕“发挥企业主导作用、推行种养结合、实现一体化发展、最大限度提高综合效益这一关键”，着重选择牛羊数量多、规模养殖比重大、养殖企业意愿强的县区实施粮改饲项目。粮改饲由3个县增加到7个市38个县，实现了青贮玉米、优质牧草种植相对集中区域全覆盖。青贮玉米种植面积由23万亩扩大到81.7万亩，累计调整种植面积366.7万亩，完成收储任务960.7万吨，完成总任务的149%，为辽宁省草牧业持续发展奠定了坚实基础。

一、加强组织管理，强化示范带动

（一）实行绩效考核措施

辽宁省将粮改饲项目纳入对各市目标考核体系中，省、市、县三级均成立粮改饲领导小组，统筹做好粮改饲工作的组织协调、安排部署、督导检查、服务指导。

（二）制定项目全程监督管理措施

在项目实施过程中，总结出一整套行之有效的管理措施，即播种看地头、储制看现场、储后看壕头、验收量壕底、容重靠测量。

（三）宣传、示范带动措施

广泛宣传粮改饲政策优势，分别建立奶牛、肉牛、肉羊、梅花鹿粮改饲试验示范基地开展饲喂试验，总结应用技术和生产效益，以实际效果带动更多草食家畜养殖场（户）参加到粮改饲项目中；充分挖掘种植饲料作物和牛羊使用全株玉米青贮饲草料的潜力，组织专业技术人员在种植、收割、储制等关键时期和节点，深入实地开展技术指导服务。

（四）拓宽粮改饲政策补贴品种措施

辽宁省将调制干草纳入享受政策补助范围，按照1吨干草相当于3吨青贮的比例兑现补贴，推进了粮改饲政策的全面实施。

辽宁省粮改饲工作业务培训暨现场观摩会

二、探索创新思路，培育发展新模式

（一）龙头企业“种养加一体化”模式

辽宁辉山乳业集团有限公司通过土地流转方式获取集中连片土地45万余亩，统一种植青贮玉米、紫花苜蓿等优质牧草；同时配备大型青贮玉米和牧草播种、联合收割、加工等机械设备1 500余台（套），全面推行青贮全程机械化作业；企业每年储制全株玉米90万吨、青贮苜蓿8万吨，专门供给65个自营牧场13万头奶牛使用，大幅提高了产能和效益，打造了大型养殖企业龙头以养定种、种养结合的模式，真正实现了“养殖企业+自有种植基地+产品加工应用”的全产业链运营。

（二）“养殖企业+种植户”订单模式

以海城市佳鑫牧业发展有限公司、建平县安兴牧业有限公司、义县张春江等为代表的奶牛养殖企业，与周边种植户签订长期订单，由种植户按照收储企业要求种植全株青贮玉米，在达到收割质量要求时，企业进行统一机械收割、储制，最大限度满足了自身青贮饲草料的需求，带动了周边种植业结构调整。

（三）“加工企业+种植户”模式

以海城绿世界等为代表的饲草加工企业，通过自种和收购附近散户的饲草作物，使用大型饲草料种收、粉碎、压块等机械加工设备，开展饲草深加工，产品远销韩国等国家和地区。

（四）“合作社（养殖+种植+产销）”模式

以彰武县长青肉牛、天丰肉羊合作社为代表的肉牛、肉羊养殖合作社，社内既有养殖大户，又有众多中小种植户。养殖大户将众多种植户的农产品、果品的边角余料与青贮玉米混合青贮，除满足自身养殖需要外，又可打包外销，取得了良好效果。

辽宁辉山乳业集团大型牛舍

辽宁辉山乳业集团八家子牧场

三、种养结构优化，发展提质增效

（一）促进提质增效，提升农牧收益

“十三五”期间，辽宁省采取措施不断提升青贮质量，提高了农户种植青贮玉米的经济效益。在同等种植条件下，种植青贮玉米比籽粒玉米平均每亩增收近300元，在种植环节增收超过10.1亿元。饲喂青贮玉米饲料后，生产1吨牛奶节约饲料成本300多元；肉牛饲料成本每头降低900元左右；肉羊饲料成本每只降低40元左右。2020年，全省泌乳奶牛平

均单产8.5吨，比2015年提高2吨。2018年以来，辽宁省共有5个牧场获得中国青贮饲草料质量评鉴大赛奖励，其中银奖2个、优秀奖5个。

（二）促进种养结合，推动循环发展

辽宁省参与项目实施的养殖场（户）流转土地自种、种养一体化经营比例达60%以上。养殖场利用一体化经营优势，将牛羊粪便还田用于青贮玉米种植，减少化肥用量40%以上，既培肥了地力，又减轻了粪污处理压力，走出了生产生态循环发展之路。

（三）推进现代饲草业发展，形成新业态

辽宁省以粮改饲为抓手，培育发展专业化饲草生产、加工、销售企业10余家，推进“产加销用”协调发展。现代饲草产业初见规模，从“有草无业”到“立草为业”，取得了良好进展。饲草专业化生产服务机制初步形成，“种、收、贮、用”全程机械化作业水平大幅度提高。

四、贯彻新发展理念，推动高质量发展

“十四五”期间，辽宁省将以习近平新时代中国特色社会主义思想为指导，深入贯彻新发展理念，以推动高质量发展为主题，扎实推进粮改饲项目建设，宣传推广科学、效益好、可复制的典型经验，发挥项目的示范引导作用，有效拓展增量，推动全省草牧业高质量发展。

（一）积极打造粮改饲质量提升工程

通过开展全省玉米青贮采样、青贮质量评价（反馈质量报告）、大数据模型分析（形成全省粮改饲质量蓝皮书）、青贮质量标准体研发（形成辽宁省青贮地方标准）等工作，全面提升全省粮改饲质量和技术水平，帮助养殖场将玉米青贮品质提升到标准级以上，实现全省粮改饲项目乃至草牧业发展提质增效。

（二）着力构建现代草牧业发展格局

进一步发展粮草兼顾、农牧结合、循环发展的新型种养关系，积极培育现代饲草产业，充分发挥饲草料生产潜力，因地制宜推动饲草产品多样化发展，促进形成新业态，培育激发肉牛、肉羊应用需求，提升草食家畜产量、质量和综合效益

（三）加强粮改饲全链条技术研究和推广

研究形成适合本地区不同饲草品种、不同加工设备、不同畜种的“种、收、贮、用”配套技术模式，组织各级技术推广单位和科研院所，深入基层一线提供技术指导和示范推广服务，不断推进全省草牧业高质量发展迈上新台阶。

全力促进种养结构调整

推行粮改饲试点示范

吉林省

● 吉林省畜牧业管理局

“十三五”期间，吉林省粮改饲工作以“调结构、增效益”为重点，以促进种养结合、增加农民收益为目标，以大中型草食畜养殖企业和饲草收储企业为依托，加大政策引导，强化效益拉动，把大力发展草食畜牧业作为发展粮改饲的重要基础，突出抓好饲草种植、收储加工、资金补贴三个关键环节，强力推行试点示范，种植业结构得到有效调整，种养联结更加紧密，粮改饲政策有效落实，草食畜牧业快速稳定发展。

张国华局长在全省畜牧工作会议上部署粮改饲工作

张国华局长专题会议推进粮改饲工作

一、工作主要做法

（一）政府高度重视，强化保障体系建设

2015年以来，吉林省制订年度《吉林省“粮改饲”试点实施方案》，成立以省局主要领导为组长的粮改饲试点工作领导小组。为规范管理，制定《吉林省粮改饲试点指导服务管理工作规范》《吉林省粮改饲工作指导意见》《吉林省全株玉米青贮质量标准》等规范性文件，建设了吉林省全株玉米青贮质量大数据库，成立了全省全株玉米青贮创新科技联盟，粮改饲工作得到有效落实。

（二）推行示范试点，推动工作全面落实

为确保粮改饲政策落实，吉林省认真组织推行试点示范，及时总结推广试点经验做法，不断扩大实施范围。从项目县市数量上看，由2015年的3个项目县市增加到2020年的27个项目县市，数量上增加了8倍。“十三五”期间，相继在长春市九台区等18个项目县和延边朝鲜族自治州（整州推进）开展粮改饲工作，累计种植饲草料作物面积175万亩，收储饲草料525万吨。补助资金4.63亿元，惠及3 114家奶牛、肉牛、肉羊、梅花鹿等养殖场（户）和专业收储企业，全省大中型收储加工机械保有量达到6 986台（套），青贮窖容积达到1 015万立方米。

（三）强化项目管理，保障政策规范落实

为落实好国家粮改饲政策，指导规范粮改饲工作开展，加强粮改饲工作指导服务管理，吉林省印发《吉林省粮改饲试点指导服务管理工作规范》，从粮改饲政策享受条件、前期准备工作、项目申报、组织实施和项目管理5个方面进行了科学规范，进一步明确粮改饲项目县和整体推进市（州）的享受条件、工作方法、组织程序及实施管理要求，完善了粮改饲项目工作机制，为基层单位推进粮改饲工作提供完整操作规范，收到了较好的效果。

孙福余副局长赴伊通县实地调研

张国华局长赴乾安县实地调研

（四）强化政策指导宣传，及时报送收储信息

2019年榆树市粮改饲试点技术培训

为确保政策落实，组织召开5次专题会议安排部署，组织3次典型交流会议推广试点经验，开展多期全株青贮玉米加工调制技术培训班，解读全株青贮玉米品质技术，提高行业监管和从业人员整体技术水平。对完成任务困难县市，强化政策指导，加强督办管理，定期跟踪指导收储进度、青贮质量。如果受到自然灾害影响，及时调整政策。同时，加强宣传培训，以“九台粮改饲效益显著提升”为题，在吉林日报“三农视野”版块报道长春市九台区和吉林省2015年以来粮改饲取得的成绩，进一步扩大粮改饲政策的影响力。

二、工作主要成效

（一）因地制宜，种养结合模式多样化

吉林省结合本省实际，因地制宜促进粮改饲政策落实，形成多种种养结合模式

土地流转模式　养殖企业通过从农民手里流转土地自种自贮自用方式，保证稳定的饲草料来源。吉运农牧业股份有限公司流转土地11万亩，镇赉瑞信达原生态牧业有限公司流转土地3.6万亩，长岭科尔沁牛业有限公司流转土地1.1万亩。

订单种植模式　养殖企业与种植合作社（户）签订饲草料作物种植和收购合同，以合同的方式保障饲草料来源。吉林牧硕养殖有限公司通过订单形式共种植饲草料作物2.8万亩，收储饲草料8.35万吨。

饲草料专业化种植模式　由种植业企业以订单、合作社或土地流转模式种植饲草料作物，产品销售给牛羊养殖企业。洮南市圣一金地生物农业有限公司收储饲草料3.1万吨，长春市隆泽生物质能源有限公司收储饲草料0.85万吨。

（二）规划种植结构调整，种植养殖经济效益显著

粮改饲政策实施以来，吉林省重点规划建设白城奶牛、松原肉牛肉羊、九台奶牛肉牛和中部肉牛梅花鹿等4个粮改饲示范区。饲草料种植面积、收储数量均得到大幅度增加，种植业结构得到有效调整。2020年试点县共种植饲草料作物面积35.6万亩，比2015年的10.3万亩增加245%。青贮饲草料95.3万吨，比2015年的37.9万吨增加151%。种植、养殖环节效益增加，养殖饲养成本大幅降低，尤其是奶牛养殖企业日增产奶1.5千克，牛奶的乳蛋白和乳脂率显著提升，奶牛发病率显著降低，种植、养殖经济效益显著。

“十四五”期间，吉林省将依托全省“秸秆变肉”和千万头肉牛项目，积极争取国家政策资金支持，发挥粮改饲政策引导作用，调整粮改饲政策申报范围和条件，以大中型草食畜养殖企业和饲料收储企业为依托，鼓励中小企业积极参与，全县域铺开，应报尽报、应享尽享，进一步扩大优质饲草种植面积，提高苜蓿、燕麦草等紧缺饲草自给率，全面推进粮改饲政策落实。同时，充分发挥全省全株玉米青贮科技创新联盟作用，推广全株玉米青贮质量标准，健全完善全株玉米青贮质量大数据库，发挥信息化统计监测预警指导作用，提升全株玉米青贮品质。

种养结合 节本增效
粮改饲助力黑龙江奶业高质量发展

黑龙江省

● 黑龙江省农业农村厅

一、工作举措

（一）因地制宜，逐级制定文件

黑龙江省结合本省实际，各级粮改饲地区逐级制定印发《粮改饲工作实施方案》和《关于严肃青贮验收工作纪律的通知》等文件，明确任务目标，实施原则、范围，补助方式、对象及标准，实施程序，验收流程，资金发放，保障措施等内容，确保粮改饲工作的

严肃性、公平性及实效性。

（二）多措并举，扎实推进工作

自下而上组织申报青贮生产计划　粮改饲地区按照方案要求，组织各辖区内符合条件的补助对象依据青贮窖容量、存栏牲畜数量、头均饲喂量和青贮种植面积等逐场核算，逐级申报年度青贮生产计划，省级下达任务计划。

实事求是确定补助对象与发放补贴　对地上窖储（含平储）的收储量达到200吨以上且开展粪污处理的奶牛、肉牛和其他草食牲畜规模养殖场（户、合作社），以及具有稳定青贮饲草料种植地或供销订单且收储量达到500吨以上的专业收储合作社等新型农业经营主体进行现场验收。按照“一把尺子、一个标准”的原则测量窖储容积，依据折算标准计算储量，并对验收结果签字确认、张榜公示，无异议后由项目区农业农村局会同财政局联合行文履行资金兑付。

二、工作亮点

（一）超额完成国家下达任务

“十三五”期间，国家累计下达黑龙江省粮改饲补助资金7.806亿元，种植面积425.5万亩，收储量1 301万吨。5年来，全省累计完成粮改饲面积517万亩，超额完成21.5%；收储量1 382万吨，超额完成6.23%，补贴资金发放超过国家下达的7.806亿元（秸秆离田项目额外补贴40元/吨）。

（二）农民增收，牧场增效显著

据省统计局调查数据，2019年，与收获玉米籽实相比，农户种植青贮玉米每亩多收入247元，全省农户因粮改饲增收近3.5亿元。全省奶牛平均单产由2015年的5吨提高至2020年的8吨，部分奶牛场单产水平达到10吨以上，生鲜乳饲料成本最低降至1.4元/千克。生鲜乳中蛋白质含量3.3%以上、脂肪含量3.8%以上、菌落总数小于5万CFU/毫升，营养和卫生指标均达到甚至高于欧美等奶业发达国家水平。

克东和平原生态牧业有限公司开展青贮窖封窖作业

（三）推动种植业结构调整进程

“十三五”以来，全省粮改饲项目县扩大至70个，饲料种植面积由最初的4万亩增至最多年的128万亩，青贮量由最初的15万吨增至最多年的322万吨，补贴畜种从奶牛扩大到所有草食牲畜。

（四）粮改饲工作机制模式不断创新

为提升全省粮改饲项目验收与监管水平，聘请第三方审计人员全程跟踪项目验收和绩效评价工作，确保青贮窖窖容、储量的测量准确性和补贴资金发放的合理性。

（五）青贮日粮技术模式广泛应用

为提高青贮利用水平，黑龙江省积极推广青贮技术标准，适时发布实施了《黑龙江省全株玉米青贮质量评定标准》（T/HLJNX 001—2020），应用此标准的奶牛养殖企业达100家以上，有效促进了青贮日粮技术的广泛应用。

（六）全株玉米青贮养鹅模式积极探索

受台风天气影响，部分玉米倒伏，非改装农机无法进行收割作业，全株玉米青贮质量受到影响。而采用玉米地养鹅模式的农田受影响较小，玉米长势良好。因鹅放养田间会采食玉米下方叶片，粪便直接还田，既增加玉米间通透性，降低倒伏风险，又增加了土壤有机质含量，还降低了饲养成本。

降成本 补短板 粮改饲 助力北大荒打造农业领域航母

黑龙江农垦

● 北大荒农垦集团有限公司

北大荒农垦集团有限公司依托集团在青贮及种植养殖等方面的优势，发挥市场在资源配置中的决定性作用，利用国家粮改饲补助资金的引领和撬动作用，激发收储主体发展绿色全营养体产业的积极性，确保高标准、高质量完成粮改饲试点任务。

农业部畜牧兽医派粮改饲绩效考核组对黑龙江省农垦北安管局二龙山农场进行绩效评价

一、采取的主要措施

（一）坚持推广“3+2”生产模式

每头牛配套饲草料地（粪肥还田消纳地）5亩，其中全株青贮玉米地3亩，苜蓿或饲用燕麦等牧草2亩。规模养殖企业利用配套饲料地，集中连片种植青贮玉米和优质牧草，形成草畜有机结合，产业间相互促进，既降低了养殖成本，又保障了优质饲草常年均衡供应。

（二）坚持科技创新驱动原则

建设以企业为主体、市场为导向、产学研结合的科技创新体系，引进推广领先技

术，提高技术应用到位率，创新形成大面积机械化高产优质高能量全株玉米青贮、苜蓿及饲用燕麦半干青贮等种、管、收、贮技术工艺，大力提高生产水平和经济效益，促进草牧业转型升级。

（三）粮改饲工作实行“三到分公司”

将补助资金切块到分公司、组织实施下放到分公司、管理责任明确到分公司，确保“受益对象明确、储存地点清楚、收储数量准确、款物台账详细”。

（四）项目补贴实行统一标准、整地区推进原则

根据集团粮改饲补助资金总额和各分（子）公司实际踏查验收的收储总量，测算并确定当年吨均补助标准。

二、取得的主要成效

通过种养结合、为养而种，以打造生态畜牧基地为目标，逐步达到草畜平衡、以农载牧、畜牧循环，初步实现了经济效益、社会效益和生态效益的共赢。

（一）促进职工增收效果显著

据国家统计局农垦调查队统计，2017年，垦区职工种植全株青贮玉米与种植传统籽粒玉米相比，每亩种植效益高出136.2元。北安分公司2018年调研数据显示，种植优质青贮饲草料，按850千克/亩计算，亩均纯收入较种植籽粒玉米提高12.3%。哈尔滨有限公司2020年调研数据显示，全株青贮玉米亩产2.3吨，亩产值920元，除去成本及收割费630元，每亩净利润在290元左右。

（二）提升养殖效益效果显著

在粮改饲政策引导下，优质饲草料使用覆盖面持续扩大。奶牛饲喂全株青贮玉米后，生鲜乳中乳蛋白、乳脂肪明显提高；肉牛肉羊饲喂青贮玉米后，降低了饲料成本，综合效益和竞争力全面提升。

（三）促进种养结合循环发展

在政策落实过程中，传统产业加快转型升级，新兴产业蓬勃兴起，种、收、储、用全程机械化水平大幅提高，专业化生产服务组织迅速发展壮大。规模养殖场利用饲料地自种、种养一体化经营比例明显提高，养殖场利用粪肥还田用于青贮饲草料种植，减少化肥用量，促进了种养紧密结合的新型农牧业发展。

“十三五”期间，北大荒集团粮改饲取得阶段性成果，加快了垦区种植业结构调整和职工增收，推动了种养结合绿色发展，促进了青贮饲草料种、收、贮的规模化进程，实现了奶牛提质增产，奶牛单产从9吨向12吨挺进。

安徽省

实施粮改饲 种养同增收

● 安徽省农业农村厅

安徽省紧扣农业供给侧结构性改革工作主线，围绕“为养而种，以种促养，以养增收”的目标，以推进农业结构调整为主攻方向，充分发挥财政资金引导作用，调动市场主体收储、使用青贮玉米等优质饲草料的积极性，依靠市场机制拉动种植结构向粮、经、饲统筹方向转变，构建种养结合、粮草兼顾的新型农牧业结构。“十三五”期间，共完成收储面积136.4万亩，圆满完成粮改饲收储任务。

青贮裹包

一、工作举措

（一）加强组织领导是做好粮改饲工作的保证

为确保粮改饲工作有效推进，安徽省农业农村厅畜牧处成立工作领导小组，负责项目县确定、日常组织监管及绩效评估等工作。项目县成立领导小组，负责组织粮改饲实施，形成了省、市、县三级联动的工作格局。启动粮改饲周报制度，每年9月开始，项目县每周上报粮改饲进展情况，及时掌握全省粮改饲项目进度，对进度较慢的项目县采取电话、微信等多种形式督促，抢抓有利天气，及时完成收储。

安徽省全株玉米青贮应用技术座谈会

（二）实施方案引导是做好粮改饲工作的关键

安徽省农业农村厅每年及时制订中央财政粮改饲项目实施方案，紧扣农业供给侧结构性改革工作主线，围绕“为养而种，以种促养，以养增收”的目标，在玉米种植面积大、牛羊饲养基础好、种植业结构调整意愿强的县，以推进农业结构调整为主攻方向，充分发挥财政资金引导作用，调动市场主体收储和使用青贮玉米、苜蓿、燕麦、甜高粱、构树、豆类等优质饲草料的积极性。试点县因地制宜，制订本县的粮改饲实施方案，经市级农牧部门审核后上报省农业农村厅备案。

（三）强化技术服务是做好粮改饲工作的基础

安徽省成立了以高校、科研机构、厅属单位为主的粮改饲技术服务专家指导组。专家组负责制定发布全年饲用作物生产技术指导意见，在饲用作物生长期间和收获青贮期间组织技术培训观摩、提供咨询服务。

安徽省太和县2020年度粮改饲项目培训暨工作推进会

（四）绩效评价是做好粮改饲工作的保障

安徽省农业农村厅连续3年通过公开招标确定第三方机构对全省的粮改饲项目县开展绩效评价工作。专家组主要通过实地查看青贮饲草料收储现场、走访项目实施主体、召开座谈会和审阅项目实施相关材料等方式，对粮改饲实施情况进行全面检查评价，并出具第三方绩效评价报告。

二、实施成效

（一）养殖企业获得经济效益

用全株青贮玉米饲喂方式，改变了过去传统玉米籽粒和秸秆分开饲喂的方式。据临泉县测算，全株青贮玉米饲喂能使1头肉牛的饲料成本降低950元，折算到每吨牛肉的成本相应减少3 150元。在奶牛上应用全株青贮玉米饲喂，能降低每吨牛奶饲料成本300元。一头单产5吨左右的泌乳奶牛，每年可增加效益2 000元左右。据固镇县争华羊业的全株青贮玉米饲喂试验，可使每只育肥羊节省饲养成本90元，比饲喂全价颗粒料成本降低11%，可有效提高养殖户收入。

（二）提高种粮效益

据统计，种植籽粒玉米亩均产值约600元，种植青贮玉米亩均产值约819元，提升36.5%。同时，青贮玉米种植缓解了秸秆焚烧产生的环境问题。

宿州市埇桥区万亩绿色青贮玉米（粮改饲）生产基地

2019年埇桥区圣邦牧业全株青贮玉米收贮现场

三、典型模式

安徽省发展形成了“土地流转+饲草生产+畜禽养殖+粪污还田”种养结合封闭循环初级模式和“饲草料订单生产+畜禽养殖+粪污制作成有机肥还田”的种养结合区域大循环模式雏形，农牧产业循环机制逐步建立。

阜阳市临泉县采用“规模养殖企业（户）+精准扶贫户”合作模式，以养殖场带动贫困户养殖，通过寄养山羊、用工补贴等方式，有效带动当地农户脱贫致富，将粮改饲与精准扶贫紧密结合，由实施主体与建档立卡的贫困户优先签订收储协议，辐射带动周边贫困村推广种植全株青贮玉米。

宿州市积极培育专业收储主体，以专业收储主体作为提升粮改饲组织化程度的有效载体，收储企业专业进行收储，使养殖企业从繁重的牧草收储工作中解放出来，专心从事养殖生产。在保证全株玉米青贮品质的前提下，提高收储企业的积极性，减少养殖企业的工作量。

亳州市利辛县探索出“奶牛养殖—蘑菇种植—沼气利用—果蔬种植”循环经济，采取“公司+合作社+帮带人（能人）+贫困户”的扶贫模式、“全株青贮玉米—羊—有机肥—饲料作物”生态循环模式以及现代农业循环经济产业园生态循环模式。

安徽瑞龙畜牧养殖有限公司裹包青贮

为养而种 以养定种 创新推进粮改饲

山东省

● 山东省畜牧兽医局

“十三五”期间，山东省紧扣农牧业供给侧结构性改革工作主线，将粮改饲作为推进种植业结构调整、促进草食畜牧业发展的关键着力点，不断完善农牧循环、扶持投入、青贮标准三个体系，加快构建草食畜牧业发展长效机制，取得了一定成效，交出了一份牧业增效、农业增收、环境改善的合格成绩单。

一、工作举措

（一）强化组织领导，谋划宏观设计

探索构建了政府主导、行业联动、专家参与“三位一体”的粮改饲总体推进工作机制，统筹推进粮改饲政策实施。

2017 年山东省粮改饲关键技术培训

2020 年莱阳市粮改饲项目推介会

德州市粮改饲现场会

德州禹城市粮改饲项目验收现场

（二）强化项目监管，发挥示范引导

严格源头管控，实行“专项资金+任务清单”管理模式，提升政策实施的精准性和实效性。精准过程监督，建立畜牧财政、审计、纪检多部门联合监管机制，对项目实施风险点进行全程监管。实施末端考核，以第三方绩效评价结果作为调整下一年度任务数量的重要依据，确保项目效应长期性、持久性。

（三）构建体系标准，提升科技水平

组建青贮饲草料质量评鉴大数据服务中心，构建青贮饲草料标准化生产、精准化利用体系，编制并发布《山东省全株玉米青贮质量报告》，举办全省青贮饲草料质量评鉴大赛及技术培训，不断促进企业提升青贮制作水平。

山东省第二届青贮饲料质量评鉴大赛暨青贮饲料生产关键技术培训班

山东省第二届青贮饲料质量评鉴大赛颁奖现场班

二、主要成效

（一）种植结构显著调整

累计对1 100余家实施主体补贴收储优质青贮饲草料1 853万吨，收储面积达694万亩。年均粮改饲收储面积在260万亩以上，占全省玉米种植面积的4.7%，年均收储全株玉米等优质饲草料700万吨以上，有力推动了种植结构调整。

（二）经济效益切实增加

全株玉米青贮饲喂奶牛，产奶量和产奶品质明显提高；肉牛和肉羊日增重分别提高8.3%和3.3%，产业增效明显。与收获玉米籽粒相比，农户销售全株青贮玉米减少了人工和机械费用，每亩净收益增加150～200元；黄河三角洲地区中低产田种植苜蓿，每亩净收益增加500元以上。

（三）生态环境有效改善

一是增加秸秆饲料化利用，提高了秸秆利用率，玉米秸秆过腹还田可以改良中低产田，使土壤有机质含量提高20%左右；二是减轻焚烧造成的环境污染，降低了火灾发生的隐患，实现经济效益与生态效益共赢。

（四）新型业态快速涌现

创新组织模式，巩固发展流转土地自种、订单收购、种养加合作、专业生产，实现就地就近转化，在基础上发展专业服务型、联合体型等新业态发展模式；创新扶持模式，探索采用信贷担保、贴息等方式支持草食畜牧业发展，鼓励保险机构发展建立适合不同地区、不同饲料作物生产的保险制度。

（五）种植品类不断丰富

在发展青贮玉米的基础上，苜蓿、燕麦、构树、蛋白桑等种植面积不断扩大，优质饲草料种类不断丰富。产学研联合开展试验示范，提炼组装出草草轮作、粮草轮作、套种混播等4种粮草作物种植技术模式，总结梳理各市42个粮改饲典型案例向全省推介。

“苜蓿＋玉米 / 小黑麦间作”模式试验示范基地

山东省青贮玉米品种试验基地

三、典型模式

（一）东营市粮改饲工作综合创新模式

在“贮”上抓多元供给。引导燕麦、小麦、苜蓿等全株青贮，改单季青贮为全年青贮，丰富家畜营养供给。在“种”上抓模式创新。集成推广饲用“燕麦-水稻”轮作模式，有效利用冬闲田，提高复种指数，为粮草兼顾生产提供新方案。在“用”上抓生态养殖。开展青贮玉米饲喂生猪试验，为生猪生态养殖探索新模式。在“管”上抓规范建设。出台了《东营市粮改饲示范项目建设规范》，为粮改饲项目规范化实施提供了东营样板。

2020 年东营市燕麦收割现场

青贮裹包

（二）济宁市汶上县生态农牧闭环发展PAP新模式

通过粮改饲项目补全饲料作物种植链条，建设万亩青贮玉米、小麦、苜蓿种植基地。优质牧草饲喂牲畜，提高肉奶品质；过腹还田反哺农业，提升土地质量，形成了平原地区种植畜牧产业融合发展的超大模块，完成种养一体闭环式生态绿色发展。

（三）滨州市阳信县粮改饲促进肉牛养殖模式

通过粮改饲做大做强肉牛产业。与中国农业大学合作，在阳信县推广全株玉米青贮育肥肉牛养殖模式，形成以龙头企业为核心、专业合作社为纽带、家庭养殖场为基础的现代畜牧产业化联合体。让农民参与一二三产业融合发展全过程，达到种植、养殖双增效，实现经济效益与生态效益共赢，成功开创了农区养牛的“阳信经验”，被全国畜牧行业发展高层论坛评为“全国优秀区域创新模式奖”。

阳信县肉牛育肥场

大力推进粮改饲 加快种养结合循环发展

河南省

● 河南省农业农村厅

种养结合循环发展是现代农业转型升级的必由之路和发展方向。河南省是农业大省，也是畜牧业大省，年产农作物秸秆约8 600万吨，牛羊饲养量连续多年居全国前列，具有通过秸秆过腹还田实现种养结合循环发展的突出产业优势。5年来，河南省粮改饲工作稳步推进，肉牛、奶牛产业加快发展，初步走出了一条“以养定种、种养结合、草畜配套、草企结合”的农区畜牧业发展新路子。

一、统筹谋划，科学推动

粮改饲工作上联种植业、下联养殖业，是构建新型种养结构的重要切入点。河南省高度重视粮改饲工作，2016年以来省政府先后制定出台《关于深入推进农业供给侧结构性改革大力发展优势特色农业的意见》《关于支持肉牛奶牛产业发展的若干意见》《河南省奶业振兴行动计划》等一系列政策文件，将粮改饲工作摆在农业结构调整的优先位置。全省统筹谋划，科学推动，坚持一盘棋发展，粮改饲项目县由2016年的8个扩大到2020年的75个，种植面积由32万亩扩大到133.9万亩，累计带动全省优质饲草料作物种植面积达1 170万亩，饲料作物种植占比不断提高，粮、经、饲结构不断优化。

二、加大支持，政策驱动

2016年，国家将河南省纳入粮改饲实施范围后，河南省紧紧抓住这一重大政策机遇，提出了农业“四优四化”发展战略，明确将以肉牛、奶牛为代表的优质草畜作为“四优”之一突出来抓。2017—2020年，省财政连续5年，每年统筹2.5亿元资金专项支持肉牛、奶牛产业发展。在国家和省级双重政策的引导下，河南省肉牛、奶牛规模养殖进入“快车道”。2017年以来，全省累计新扩建500头以上肉牛场215个、300头以上奶牛场56个，其中，千头以上肉牛场43个、5 000头以上奶牛场23个。2020年牛存栏量较2016年增长了12.4%，出栏量增长了4.3%。目前，全省基本形成了浅山丘陵区母牛繁育、平原农区规模肉牛育肥、沿黄滩区豫东豫南豫西南“一带三片”奶牛养殖的发展格局，构建了“户繁企育、龙头带动”的肉牛产业发展主流模式及“规模养殖、集群发展”的奶业发展主流模式。目前，肉牛奶牛产业已成为全省畜牧产业发展新的增长点。

三、种养结合，市场带动

河南省以粮改饲项目为抓手，积极引导规模养殖场流转土地自种或与种植大户、专业合作社签订收购合同，大力发展订单生产，并探索总结出驻马店花花牛“苜蓿+全株青贮-奶牛型”、焦作伊赛“全株青贮或其他优质牧草-肉牛型”、信阳富仁辉“黑麦草+青贮玉米-肉羊型”等一批高效种养模式在全省推广应用，成效良好。2020年，全省收储主体自种和订单收购的收储量占收储总量的81%，较2016年提高了14个百分点；种养结合养殖场发展到近万家，种养结合面积近400万亩。粮改饲实施区域杜绝了秸秆焚烧现象，生态环

境改善明显。目前，全省规模奶牛场已实现全株青贮玉米全覆盖，肉牛规模场全株青贮饲喂率达50%以上，参测奶牛平均单产由2016年的7.7吨提高到9吨，育肥肉牛由200千克增长到600千克，平均可缩短育肥期约29天；育肥肉羊由25千克增长到55千克，平均可缩短育肥期约7天。经测算，种植全株青贮玉米可较籽粒玉米每亩增收约290元，饲喂全株青贮玉米可使每头奶牛年养殖成本降低2 080元，肉牛育肥成本降低600元。以此估算，2016年以来仅粮改饲试点项目就带动种植户累计增收13亿元，带动养殖场（户）增收50亿元以上，以养定种、种养结合成效显著。

四、强化服务，保障促动

在技术服务上，河南省充分发挥省内12所高校及科研院所科研力量，编写了《青贮玉米种植与利用技术手册》《紫花苜蓿生产技术规程》等技术资料，成立了省、市、县三级粮改饲技术服务专家组，对项目县及实施主体开展了全覆盖技术服务。2016年以来，全省累计开展技术咨询、培训和现场指导1 000多期，近5万人次参与，成功探索优质饲草料一年两熟、一年三熟种植模式，推广了适合中原农区种植的劲能5010、大京九166、中禾107等饲草品种。在生产服务上，河南省积极培育专业化饲草服务组织，着力提高全株青贮“耕、种、收、储”全程机械化作

业水平。全省专业化、商品化饲草加工企业（合作社）由2016年的30家发展到185家，大型青贮饲草料联合收获机等现代化装备数量由2016年的249台（套）发展到1 027台（套）。在金融服务上，针对收储期间资金压力较大的特点，河南省农开投资担保等政策性金融机构先后开发了青贮贷、活体抵押贷、联保经营贷等金融产品，联合乳品加工企业和肉牛屠宰企业为养殖场提供贷款担保。5年来，累计为800多个养殖主体提供近30亿元的融资担保服务，有效缓解了产业发展资金压力，保障了年度目标任务的顺利完成。

河南省百家牛场青贮质量评鉴活动颁奖现场

2016年河南省中牟县对河南瑞亚牧业全株玉米青贮量进行全面验收

技术指导

实践表明，粮改饲有力推进了河南省种养业结构调整，在保障畜产品有效供给、促进农业提质增效方面发挥了重要作用，为乡村振兴战略的实施做出了贡献。

粮改饲 助农增收见成效

广西壮族自治区

● 广西壮族自治区农业农村厅

广西壮族自治区认真贯彻党中央、国务院的决策部署，紧扣农牧业供给侧结构性改革工作主线，将粮改饲作为推进种植业结构调整、农作物秸秆综合利用和促进草食畜牧业发展的关键着力点，不断强化扶持投入，加快构建草食畜牧业长效发展机制，扎实推进现代农业种养结合、农牧循环和绿色发展相关工作。

扶绥县汇创牧业甘蔗尾梢自动收集打捆

一、工作举措

（一）强化组织领导，发掘利用资源优势

广西壮族自治区成立粮改饲工作领导小组，统筹部署广西壮族自治区粮改饲工作。全区大力推广种植象草等优质高产牧草养殖肉牛，充分利用广西糖料蔗“双高”基地优势，推行农牧结合、种养循环，鼓励指导利用糖料蔗废料饲喂牛羊，牛羊粪便反施蔗地，牛羊等草食动物养殖发展迅速。引导种植户主动将籽粒玉米转为全株青贮玉米种植，养殖户由饲喂青饲草向青贮玉米、青贮牧草饲喂等种养模式转变，有效促进粮、经、饲三元种植结构协调发展。

（二）切实加大资金投入，予以政策扶持

“十三五”期间，广西壮族自治区粮改饲补助资金9 274万元，其中，2020年粮改饲项目补助资金3 167万元，同比增长47.3%。主要支持项目实施主体流转耕地建设饲草种植基地，将粮改饲项目实施过程中所涉及的农机全部纳入农机补贴目录，以提升项目实施主体饲草种植和收储机械化水平。印发《关于实施以奖代补推进特色产业扶贫的通知》及其补充通知，其中青贮玉米的补助标准为每亩560～1 000元。

（三）强化科技支撑和社会服务，确保可持续发展

推动青贮玉米品种选育及示范推广　广西壮族自治区玉米攻关联合体成员单位育成22个玉米品种通过国家初审，其中青贮玉米品种2个；11个品种参加青贮玉米品种自治区生产试验，计划2021年申请自治区审定。同时，选送100多个青贮玉米新品种在内蒙古、新疆、宁夏等地进行异地鉴定。

加大培训力度　在贫困地区，积极开展青贮、养殖等农民实用技术培训和就业培训，培养了一批懂技术的新型农民，帮助农民实现稳定增收。

2020 年粮改饲工作培训班

2018 年广西壮族自治区粮饲通用玉米（饲用）新品种示范及田间测产验收暨机收现场观摩会

2020 年广西壮族自治区粮改饲技术培训现场观摩

二、试点成效

“十三五”期间，广西壮族自治区粮改饲项目县从2016年的2个增加到2020年的15个，共调减籽粒玉米种植面积50.6万亩，收储饲草料151.85万吨，种植结构调整成效明显，种植效益和养殖效益均显著提高。经测算，种植青贮玉米比籽粒玉米每亩年增收约270元，利用青贮全株玉米饲养，每头牛每天饲料成本下降6.57%。项目通过“养殖场（户）/专业收储企业+基地+农户（贫困户）”“养殖场（户）/专业收储企业+农户（贫困户）”等模式，共助力帮扶了16.94万贫困人次增收，有效促进了草食畜牧业发展和农民增产增收。

三、典型模式

（一）甘蔗尾梢变废为宝模式

广西壮族自治区引导粮改饲实施主体通过搜集、粉碎、加工、裹包等程序，将原来被随意丢弃的甘蔗尾梢变成优质饲草，不仅解决了蔗农就地焚烧、污染环境的“老大难”问题，而且变废为宝，成为广西壮族自治区粮改饲项目实施过程中最大亮点。广西壮族自治区每年甘蔗种植面积达1 200万亩，产生甘蔗尾梢1 800万吨；广西壮族自治区甘蔗收割期主要集中在11月至翌年4月，正是全国青饲料最缺乏的季节，可满足360万头肉牛的饲草需求。目前，广西壮族自治区正在引导和支持市场主体把甘蔗尾梢转化为优质饲草，发展肉牛和肉羊产业，广西壮族自治区也将成为全国实施粮改饲的最大潜力区域。

甘蔗尾梢粉碎加工

甘蔗尾梢裹包青贮

（二）集体经济助力产业扶贫模式

都安瑶族自治县为有效突破深度贫困地区发展瓶颈，以粮改饲为抓手，投入县级资金1 000万元，在19个乡镇新建或扩建粮改饲中心加工厂，实现了县有加工基地、乡有加工厂、村有加工点，并带动牛羊规模养殖场（户）、饲草收储企业和种植农户共同参与项目，推进“贷牛（羊）还牛（羊）”产业扶贫模式，使都安瑶族自治县肉牛饲养量从9万头发展到近15万头，带动近5.5万贫困人口脱贫，实现种养双赢。

(三) 甘蔗地+优质饲草料作物套种模式

龙州县大力开展套种青贮玉米工作，有效利用土地资源，积极引导非“双高”蔗地、香蕉地套种全株玉米，鼓励农户在甘蔗地、坚果地套种豆科作物及全株玉米等牛羊青饲料。2020年，龙州县完成了3 800亩的青贮玉米套种面积，在上降乡等9个乡镇签订种植协议，种植青贮玉米1万亩以上，收储全株青贮玉米3万吨以上。

抓粮改饲 促牛羊产业发展

贵州省

● 贵州省农业农村厅

贵州省以“调结构、转方式、保供给、增效益”为重点，按照“草畜配套，产销平衡”的发展原则，稳步推进种植结构调整，促进草牧业发展和农民增产增收。

航拍“粮改饲”项目青贮玉米运输现场

一、工作成效

（一）促进牛羊产业快速发展

2020年贵州省牛羊产业继续保持快速发展势头。牛存栏517.71万头、羊存栏382.38万只，同比分别增长5.0%、0.6%；牛出栏176.14万头、羊出栏297.37万只，同比分别增长4.5%、1.3%；牛肉产量23.1万吨、羊肉产量4.98万吨，同比分别增长7.4%、0.1%；产值234.4亿元，同比增长0.5%。粮改饲项目为夯实牛羊产业饲草供应基础发挥了重要的作用。贵州省累计种植优质牧草133.84万亩，加工青贮饲草料371.65万吨。

（二）有效助推脱贫攻坚

“十三五”期间，贵州省累计安排到贫困县的资金1.84亿元，占资金总量的92%。试点县鼓励动员贫困户种植全株青贮玉米等优质饲草料，由养殖（收储）企业与贫困户签订帮扶协议，形成“饲草订单”“土地流转托管”的利益联结机制，确保饲草料有销路、利益有保障，从而增加贫困户收入，带动贫困户稳定脱贫增收。

（三）加快产业结构调整

贵州省地处“镰刀弯”区域的西南石漠化区，农业生态系统脆弱，籽粒玉米产量低而不稳。粮改饲项目为农业结构调整提供了重要支撑，每年种植青贮玉米100万亩左右，促进了产业结构调整。

二、经验做法

（一）强化组织领导

成立由分管副厅长任组长的粮改饲工作领导小组，将工作任务纳入厅年度目标考核，强力推进粮改饲工作。

（二）细化工作措施

制定《贵州省粮改饲项目管理实施细则》《贵州省粮改饲工作实施方案》《贵州省粮改饲工作绩效评价办法》等文件，将各项目标任务、工作措施进行细化、具体化。

（三）强化科技支持

由贵州大学、贵州省农业科学院等科研院所重点围绕饲草种植、管理、加工、利用等环节开展技术研究，成立技术指导小组，到县到场开展粮改饲技术培训、示范推广等活动。

（四）加强宣传推广

采取示范、现场观摩、媒体宣传等多种方式，及时总结推广粮改饲的好经验、好做法，调动农户实施粮改饲项目的积极性，形成推进粮改饲项目的良好氛围。CCTV-7对贵州省大方县粮改饲工作进行专题报道。贵州新闻联播、贵阳日报、多彩贵州网等媒体多次对全省粮改饲工作进行宣传报道。安顺市、毕节市投入专项资金将典型示范做成宣传片在全市宣传推广，收到较好反响。

贵州省粮改饲信息统计暨青贮技术培训

2016年农业部畜牧兽医局派绩效考核组赴关岭布依族苗族自治县开展粮改饲绩效评价

2018 年安顺市粮改饲暨青贮玉米收贮现场会

三、典型发展模式

（一）“龙头企业+合作社+农户”模式

大方县农牧林投资有限公司统一采购青贮打包机、揉丝机等青贮机械发放至村集体合作社，以合作社为依托，开展粮改饲收储工作。公司每年与合作社和农户签订保价订单收购合同，订单面积15万亩以上，涉及8个农民专业合作社10 765个农户共32 694人。

（二）“种养结合”模式

贵阳三联乳业等大型企业通过种养结合一体化的发展模式流转周边土地自种饲草，形成了“饲草—奶牛—粪肥—饲草”的良性生态循环，就地消纳养殖产生的粪污，降低养殖污染风险，减少化肥投入量，实现饲草料的自给自足，并明显降低养殖成本。

（三）“企业+养殖基地+贫困户”模式

龙头企业到贫困村流转土地，建设畜牧养殖基地，让贫困户在家门口实现就业。2019年，贵州好一多乳业公司以630元/吨的市场收购价与18户建档立卡贫困户签订540吨的收购合同，创收34.02万元，增收12.42万元，带动户均增收6 900元。

创新种养结合模式 助力农牧民脱贫致富

云南省

● 云南省农业农村厅

云南省实施粮改饲工作以来，认真按照中央有关粮改饲工作的部署，以实施乡村振兴战略为抓手，以推进农业供给侧结构性改革为主线，以优化农业结构和农牧民增收为目标，聚焦牛羊（奶牛）重点养殖区和玉米主产区，加快发展青贮玉米、苜蓿等优质饲草料，推动种植结构向粮、经、饲统筹转变，构建种养结合、粮草兼顾、绿色发展的新型农牧业结构，提升种养效益。“十三五”期间，云南省粮改饲种植面积从2016年的8万亩扩大到2019年的62万亩，涉及11个州（市），累计收储优质饲草料420.6万吨，有力推进了云南省草食畜牧业的发展。

奶牛犊牛舍

一、工作举措

（一）加强粮改饲工作的领导

云南省各级党委、政府及有关部门把做好粮改饲工作作为加快调整农业产业结构，推进农业供给侧结构性改革，促进粮、经、饲统筹，种养加一体，延伸产业链，提升价值链的重要切入点，切实加强组织领导。2016年，云南省成立了由农业厅分管副厅长任组长，农业厅草山饲料处和省财政厅农业处主要负责人任副组长，省农业厅、财政厅相关处室领导为成员的粮改饲工作领导小组，具体负责项目的实施和督查工作。

（二）制订方案、落实任务

云南省农业农村厅按照农业农村部的工作部署和下达的年度计划任务，每年组织编制粮改饲项目实施方案，上报农业农村部，印发《关于做好粮改饲试点工作的通知》到各粮改饲项目县，明确项目实施县（市、区）政策补助面积及收储任务。同时，组织县（市、区）编制和完善县级粮改饲工作实施方案，明确收储主体、种植面积、收储任务、补贴对象、补贴标准、实施进度、工作措施、督导检查、核查验收、资金拨付、数据汇总、绩效考评等内容。

（三）积极开展青贮饲草料质量跟踪评价

为掌握粮改饲地区全株玉米青贮饲草料质量状况，确保粮改饲实施效果，云南省在前

云南省粮改饲工作推进会

曲靖市沾益区2016年青贮玉米实收测产现场

期调研工作的基础上，开展省内不同地区全株玉米青贮饲草料质量跟踪评价研究工作。2017—2019年，全省累计从11个州（市）33个粮改饲项目县的规模化养殖场采集当年制作的全株玉米青贮饲草料样品184个批次，从玉米青贮感官指标、发酵指标、营养指标等方面进行检测评价，形成《云南省全株玉米青贮质量报告》在全省发布。

（四）加强技术培训指导

一是组织有关专家编印了《云南省全株玉米青贮质量报告》《全株玉米青贮制作技术手册》2 000余册发放到各项目实施县（市、区），指导粮改饲技术推广工作。二是开展省级粮改饲技术培训班。云南省农业农村厅每年委托省饲草饲料工作站开展优质饲用作物利用技术培训班，为各项目实施县（市、区）培训粮改饲技术骨干360余人次。技术培训指导工作扎实有效地开展，提高了收储主体青贮技术，青贮饲草料质量明显提升。

二、典型经验

（一）以科技推广作为重要支撑

结合粮改饲项目的实施，云南省个旧市先后引进适合当地养殖的肉牛品种进行改良，通过引进红单10号、奥玉510等产量高的青贮玉米品种，大力推广种养技术，做好科技试验、服务与指导，提高项目实施的科技含量和水平，为全面推行粮改饲储备了技术力量。

（二）与脱贫攻坚和项目建设有机结合

全株玉米青贮质量评价教学现场

在粮改饲实施过程中，云南省曲靖市沾益区把粮改饲作为脱贫攻坚产业扶贫的主要措施，对项目区覆盖的贫困户优先签订青贮玉米种植收购合同并优先收购，面积、收购量不设上限，免费提供青贮玉米良种和技术培训指导，种植、收储期安排人力全程帮扶，确保粮改饲实施区域贫困户快脱贫、快发展、能巩固。大理白族自治州洱源县惠农奶牛养殖专业合作社在完成项目任务指标的情况下，不忘贫困户。2016—2018年，每年分别在三营镇、牛街乡、右所镇、邓川镇等地带动农户订单种植青贮玉米4 000余亩，收购全株玉米青贮饲草料1.5万余吨。种植青贮玉米的农户比种植籽粒玉米每亩增加收入300元以上，每年带动农户增收120万元以上。

三、工作成效

（一）种养效益显著提升

种植全株青贮玉米亩产达4.5～5吨，按每吨400元计算，每亩可实现产值1 800～2 000元。若种植籽粒玉米，每亩产500千克籽粒玉米，按每千克2元计算，每亩可实现产值1 000元。种植全株青贮玉米每亩可增收800～1 000元，全区每年种植3万亩全株青贮玉米可为农民增收2 400万～3 000万元。据测算，养殖户用青贮饲草料喂牛，每天成本30元，每头肉牛育肥期每天可节约5元饲养成本，牛羊（奶业）产业养殖效益显著提升。

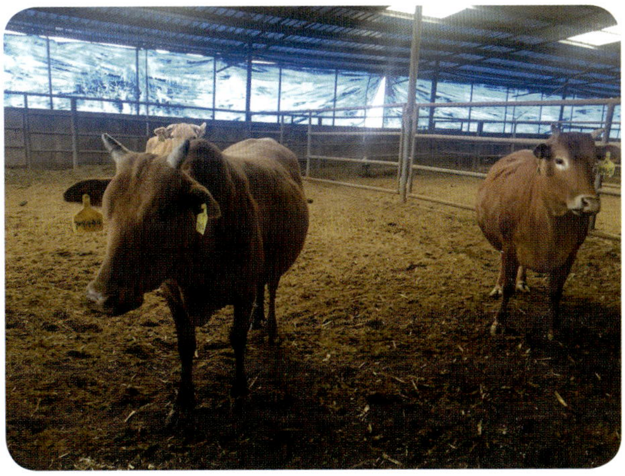

（二）种养结合紧密度提高

随着粮改饲的实施，云南省“养殖企业+种植大户”“养殖企业+贫困户”“养殖企业+流转土地自种”等多种种养结合模式得到发展，养殖企业流转土地自种、草畜一体化经营的比例逐步提高，种养结合紧密度提高。

第三方配送

集中收贮

贫困户领取青贮玉米收购款

（三）项目助推脱贫攻坚

云南省把粮改饲列入产业扶贫的重要措施，各项目县优先将建档立卡户纳入粮改饲实施范围，采取“公司+基地+农户”“养殖大户+农户”等模式，引导龙头企业、养殖大户与建档立卡户建立青贮玉米种收储一体化利益共享机制。例如，曲靖市马龙区开创了“养殖企业+新型农业经营主体+农户”“农户+第三方配送+养殖场收储”等新合作模式，在农民与养殖企业之间架起了桥梁，把种植、收获、养殖、加工、销售等环节连接起来，推动建立了种养加一体化经营模式，实现了种养结合、草畜配套和就近转化，形成草畜有机结合，产业间相互促进，既降低了养殖成本，又保障了优质饲草料常年均衡供应。

第三方配送

种植户领取青贮玉米收购款

双奶源焕发勃勃生机

粮改饲夯实产业基础

陕西省

● 陕西省农业农村厅

陕西省地处中国内陆腹地、黄河中游，草场面积广阔，畜牧业发展历史悠久，是华夏农耕文化的重要发祥地之一，也是全国少有的奶牛、奶山羊“双奶源”基地，在全国占有独特而重要的地位。“十三五”以来，陕西省以“调结构、转方式、保供给、增效益”为重点，以促进农牧结合、提高种养效益、增加农民收入为目标，在确保粮食安全的前提下，大力发展青贮玉米等优质饲草种植，粮改饲项目县由3个县增加到27个县（市、区）和1个省农垦集团，种植面积由15万亩扩大到73万亩，累计调整种植面积303万亩，完成青贮收购任务730万吨，完成总任务的110%，为陕西省“双奶源”基地建设奠定了坚实的基础。

苜蓿收割现场

2018 年陕西省粮改饲工作推进会

一、好牧草成就好奶源

近年来，陕西省把以奶山羊为代表的畜牧业作为实施特色现代农业“3+X”工程建设的优势产业，以粮改饲项目为产业基石，积极调整玉米种植品种和利用方式，既服务全省“双奶源”基地建设，又推动种植结构优化调整，实现“双奶源”基地建设突飞猛进。2020年，全省奶牛存栏27.6万头，较2015年增长8.3%，泌乳奶牛单产8.6吨，较2015年提高40%，高于全国平均水平800千克；奶山羊存栏247.6万只，较2015年增长162.8%。“十三五”期间，奶牛产业成功抵御市场低迷、环保约束、疫情冲击等不利因素影响，实现了稳健增长；奶山羊产业乘势而上，存栏量和羊奶产量迅猛增长，分别占全国的48.2%和61.4%。

二、新技术催生新模式

粮改饲实施以来，雅玉8号、豫青贮23等一大批青贮玉米专用品种迅速推广。随着一大批大型青贮收割机、打包机迅速普及，标准化青贮窖陆续建成投产，奶畜日粮中青贮饲草料占比进一步提高，项目县规模场全株青贮使用率达到100%，全混合日粮饲喂技术（TMR）普及率达到90%以上，奶畜养殖规模化、标准化水平稳步提高。据统计，全省奶牛存栏100头以上的规模养殖占比65%，规模奶牛场机械化挤奶率达100%，奶山羊存栏100只以上规模养殖占比达30%，较2015年提升13.1个百分点。粮改饲项目的实施，对调整优化畜牧业结构、转变畜牧业发展方式具有重要助推作用。

三、大产业孕育大品牌

随着陕西省委、省政府“培育奶山羊全产业链”决策部署深入推进，一大批规模化养殖场相继建成。陕西省奶山羊良种规模、奶山羊存栏、羊奶产量、产业聚集度、羊奶加工能力、羊乳制品产量、羊乳制品市场占有量7项指标均稳居全国第一位，并已在行业形成“陕西奶山羊——中国羊乳领头羊”的共识。世界奶山羊大会连续4届在陕西省召开，世界山羊协会分别授予富平县

“世界奶山羊产业发展示范区”、陇县“世界生态羊乳名城”、乾县“中国羊奶城”称号。陕西羊乳广告在CCTV-1黄金时段播出，并多次在中国西部畜牧业博览会、中国孕婴童展、中国-东盟博览会等展会展出，“陕西羊乳”公共品牌的覆盖面和影响力进一步扩大。

四、高质量保障高效益

通过实施粮改饲项目，全省青贮硬件设施标准化程度大幅提升，青贮技术服务跟进到位，青贮饲草料质量不断提高，坏草率大幅降低。2015年以来，共有5个牛场获得中国青贮饲草料质量评鉴大赛奖励，其中金奖1个、银奖2个、优秀奖2个。越来越多养殖场（户）意识到全株玉米青贮的重要性，特别是规模化、标准化养殖场推广率显著提高。经项目县实际测算，奶山羊和奶牛饲喂全株青贮玉米前后对比试验显示，饲喂全株青贮玉米后，奶山羊养殖成本降低35%，奶牛养殖成本降低22%，种植专用青贮玉米较种植籽粒玉米每亩效益高出350元以上。各项目县通过发放青贮玉米种植产业发展资金、提供劳动岗位、优先收储贫困户青贮玉米等方式，鼓励和吸引贫困户参与粮改饲项目实施，增加产业发展收入，平均每个贫困户仅销售青贮玉米和打工可实现年增收4 000元以上。粮改饲项目得到地方政府、养殖企业、收储主体、种植农户的一致好评。

五、再发力争取再突破

下一步，陕西省将认真贯彻落实习近平总书记两次到陕西考察的重要讲话精神，以“五个扎实”“五项要求”为统领，扎实推进特色现代农业建设，把以奶山羊为代表的畜牧业作为实施特色农业“3+X”工程建设的优势产业，加快关中优质高端“双奶源”基地建设，努力在粮改饲工作中取得新突破。一是实现专用玉米种植面积突破。通过对比算账、效益引导，加快玉米种植品种调整，实现项目县青贮专用玉米种植全覆盖，带动全省粮改饲发展。二是标准化青贮窖建设规模突破。以规模养殖场为重点，扶持一批设计科学、建设规范的标准化青贮窖，不断提高青贮饲草料硬件水平。三是青贮技术和质量突破。加强技术指导和培训，强化青贮饲草料关键技术推广，转变传统青贮生产方式，着力提高青贮质量和效益。四是实现畜牧业高质量发展的突破。通过项目建设，夯实奶畜发展物质基础，实现以种促养、以养带种、种养结合的良性循环格局，将“双奶源”基地做大做强，带动全省畜牧业迈上新台阶。

粮改饲 助推牛羊产业提质增效

甘肃省

● 甘肃省农业农村厅

“十三五”期间，甘肃省按照“政府推动、企业带动、农户联动”的思路，把粮改饲作为调整农业结构、推进供给侧结构性改革、大力发展循环农业的重要切入点，作为优化畜牧业结构、加快现代畜牧业转型升级的重要抓手，全力推进粮改饲工作，取得了显著成效，有力助推了甘肃省的脱贫攻坚，推动了甘肃省绿色循环农业发展。

一、主要做法

（一）建立完善项目组织领导机制

成立了粮改饲工作领导小组，对全省粮改饲工作实行巡查督导，对重点市（州）和项目县（区）实行包抓督导。成立项目技术服务小组，负责项目试验示范、技术推广等工作。

（二）规范补助资金发放

在全株青贮玉米收储工作结束后，组织有关部门成立核查验收组，对项目实施情况进行全面核查验收，及时核实补贴对象全株青贮玉米等饲料作物生产情况，统计相关数据，最终核定补贴标准。补贴对象、补贴标准、补贴额度等均张榜公示7天以上，并由县级财政部门兑现补贴资金。

（三）强化项目实施监管

按照“受益对象明确、储存地点清楚、收储数量准确、款物台账详细”的原则，切实加强粮改饲项目监管，严格按照国家和省级相关资金管理的规定，对项目资金实行封闭管理。

（四）科学组织试验示范

一是组织开展全株青贮玉米品种筛选、密度梯度试验、播期试验、分期收获试验、不同覆盖模式试验、收获裹包打捆机械筛选评价和不同厂家缓控释肥微生物菌剂试验，筛选出了24个适宜当地的品种，确定了最佳种植密度、种植模式及适宜的全自动裹包机，确定了适合当地施用的缓控释肥料和微生物菌剂。二是开展全株玉米青贮饲喂肉牛、肉羊试验和全株青贮玉米与籽粒玉米种植效益比较试验。试验结果表明，全株玉米青贮饲喂肉羊，精料补充料使用量可减少1/3以上，饲料成本降低40元左右；全株玉米青贮饲喂肉牛，饲料成本头均降低800元以上；籽粒玉米改种全株青贮玉米，每亩地饲草料干物质产量增加50%以上，每亩增收420元。三是开展玉米、紫花苜蓿和燕麦草等作物作业机具参数测定、机具性能考核及作业成本核算等相关工作，指导项目县机械化耕整地、收获、打捆、包膜技术示范推广。四是在临夏回族自治州广河县，白银市会宁县，定西市通渭县、安定区等地示范推广青贮专用玉米生产技术、全株青贮玉米加工技术、牛羊科学饲养技术，引导牛羊养殖从传统的籽粒、秸秆分饲适度向全株青贮饲喂转变，降低养殖成本，促进种养循环，提高牛羊生产效益。

（五）强化质量跟踪评价

开展粮改饲项目实施县全株青贮玉米饲料质量跟踪评价采样工作。经检测，甘肃

甘肃省荣获第四届中国青贮饲料质量评鉴大赛金奖和组织奖

省2019年全株青贮玉米饲料质量达良好水平，全株青贮玉米饲料质量分级评分指数为57.4分，其中82.4%质量达到良好水平。

（六）加强宣传指导

通过集中授课、现场参观等方式开展技术培训，并在青贮期间对收储主体进行现场指导，以确保青贮质量。充分利用电视、广播、报纸、网络等媒体，宣传粮改饲的重大意义、政策内容、补贴条件和补贴标准，帮助收储主体提高认识、掌握技术、增强发展青贮生产的积极性和主动性，确保该项政策规范有序实施。

二、主要成效

粮改饲项目实施以来，甘肃省坚持以种带养、以养促种，逐步探索出了一条“粮饲兼顾、草畜配套、以养带种、农牧互促”的循环农业发展新路子，农民种养效益显著增加，农村环境明显改善，取得了“一子落而满盘活”的综合效应。

（一）增加了农民种植收入，促进了农业产业结构调整

近年来，甘肃省大力发展以牛羊为主的草食畜牧业，对优质饲草料的需求进入快速增长期。在粮改饲项目的带动下，各地将部分籽粒玉米改种为青贮玉米等优质饲草料，推动种养关系进行第二轮调整，农民得到了实在的收益。2020年，全株青贮玉米每吨收购价较2019年增加100元以上，种植青贮玉米农户增加收入5亿元以上，经济效益十分可观。目前，全省粮、经、饲比例基本趋于5：3：2，种植业结构调整效果初步显现，广大群众基本认可，粮草兼顾、农牧结合、种养一体的发展格局初步形成。

（二）推动了种养紧密结合，奠定了牛羊产业发展基础

武威荣华新型农业公司用甜高粱青贮饲草料饲喂奶牛

与籽粒和秸秆分开收获、分开利用相比，每亩全株青贮玉米提供给牛羊的有效能量和有效蛋白质均可增加约40%，生产1吨牛奶配套的饲料地可以减少0.1亩以上，豆粕用量减少15千克，精饲料用量减少25%，秸秆用量增加23千克；生产1吨牛羊肉配套的饲料地可以减少3.5亩以上，豆粕用量减少210千克，精饲料用量减少40%，秸秆用量增加220千克。使用全株青贮玉米可以大幅提高奶牛单产，肉牛、肉羊的出栏时间明显缩短。推广实施粮改饲，既减少玉米等能量饲料种植的耕地需求，又降低了豆粕等蛋白饲料的进口依赖，提高了牛羊养殖生产效率，带动秸秆等资源循环利用，提高养殖产业的质量、效益和竞争力，促进了畜牧业节本提质增效。

（三）促进了种植、养殖与农业机械化的融合，推动了农业转型升级

永昌县肉羊场饲喂青贮饲草料

在推进粮改饲发展循环农业的过程中，各地不断健全完善饲草“种、管、收、储、运”社会化服务体系，引导专业牧草企业、种植大户、养殖企业、养殖大户、贫困户等积极参与，种植养殖龙头企业、合作社购买各类饲草生产机械1.44万台，基本实现了播种、收割、揉丝、打捆、粉碎、打包全程机械化作业，有效解决了人工收割青贮玉米费时费力的问题，

高台县明玉牧业公司收获青贮玉米

环县世强养殖专业合作社收获甜高粱

实现了种植、养殖与农业机械化的高度融合，推动了农业产业转型升级。

（四）助力贫困户精准脱贫，为如期打赢脱贫攻坚战提供有力支撑

一是收储主体按照订单收购模式，以高于市场平均价的价格优先收购贫困户种植的全株青贮玉米，增加贫困户的收入。二是收储主体结合农村“三变模式”，以高于市场人工价的工资优先雇用贫困户剩余劳动力，参与饲用玉米种植、收割、青贮等环节，提高贫困户的务工收入。三是引导贫困户以土地、基础母牛等生产要

素入股项目实施单位，建立“龙头企业＋专业合作社＋贫困户”的产业扶贫机制，通过固定分红、盈利分红，增加贫困户股东收入。

（五）破解秸秆焚烧、乱堆乱放等农村环境问题，促进农业绿色循环发展

项目县通过实施粮改饲，消化了大量玉米秸秆，发展了循环农业，增加了收入，推动了农业生产投入品减量化、生产清洁化、废弃物资源化、产业模式生态化，为乡村振兴开启了美好新篇章。2020年，甘肃省化肥使用量比2015年降低了17%；广河县化肥使用量比2018年降低了41%。粮改饲实现了绿色发展，提升了畜牧业发展质量，为全省全力开发绿色有机“甘味”畜产品，增强市场竞争力，推动由畜牧大省向畜牧强省迈进奠定重要基础。

高原地区种养结合 农牧循环发展 成效初显

青海省

● 青海省农业农村厅

“十三五”期间,青海省立足区域发展条件和现实情况，结合高原草地资源禀赋，按照省委“一优两高”战略部署，以“种养结合、农牧互补、循环发展”为发展思路，借力牦牛藏羊产业、粮改饲、高产优质苜蓿示范等项目，采取扶持养殖户种草，种植大户与养殖大户相结合，龙头企业带动合作社的方式，构建高原地区种养结合、粮草兼顾、循环发展的新型农牧业经营模式。

一、主要做法

（一）以组织推动粮改饲工作有序推进

青海省委、省政府将粮改饲工作纳入省委重点改革任务之一。省与县、县与种植养殖户层层签订责任书，形成省级监督指导、县级政府推进的上下联动工作机制，建立县级自查考评、省级购买第三方服务进行绩效考评的机制，推动粮改饲工作有序进行。

青海省循环农牧业暨粮改饲现场观摩会

（二）以培训推动供给侧结构性改革

组织开展技术培训和现场观摩，新增项目县到有典型经验的县学习观摩，开展县际学习交流，解决各县进度不一、新增县经验不足等问题。

（三）以创新带动粮改饲工作落实

充分发挥粮改饲的政策激励引导作用，围绕种、收、贮等关键环节，调动市场主体的参与积极性，促进龙头企业、专业化企业和农民经济合作组织向收储专业化方向发展。各试点县因地制宜，开展"粮-经-草"生产轮作、提高饲草品质和土壤养分的混播试验、优质饲草引种及其关键栽培技术研究等试验。近年来，各地总结好模式、好经验、好典型，并形成具有本地特点的粮改饲模式，用鲜活事例、典型案例激发主体参与的热情，营造良好氛围，放大政策效应。

二、经验模式

（一）丰富了燕麦等优质饲草种植

青海省通过推进粮改饲工作，建设规模化人工饲草基地，种植品种由原来单一的燕麦增加到以饲用为主的青贮饲用玉米、紫花苜蓿、黑麦等牧草品种。其中，平安区结合本地地理环境优势，打造富硒饲草生产基地；民和县集中连片种植饲用青贮玉米1.9万亩，成为全省集中连片种植面积最大的青贮玉米生产基地；湟源县通过饲草料龙头企业带动公司与专业合作社签订饲草种植协议，建立黑麦、燕麦等一年生饲草基地13.31万亩，试验示范黑麦和蚕豆、豌豆混播方式，将青贮饲草蛋白质含量提高到14%以上，青贮饲草销售价格达到每吨560元。

（二）联农带贫助力精准扶贫

组织建立“产业园+精准扶贫”的联农带贫机制，通过采取“土地流转+订单种植+贫困户”的饲草业扶贫模式，以“订单保护价”的形式直接收购贫困户种植的饲草，促进贫困户增收脱贫。据统计，2017—2020年累计22 984户贫困户享受粮改饲补贴政策红利。

（三）饲草产业降低雪灾引起的损失

通过粮改饲政策的引导，结合政府宣传指导，青南地区牧户种草储草补饲意识不断加强。例如，贵德县、贵南县、门源回族自治县充分利用农牧交错区的比较优势，整合耕地和草地资源，结合粮改饲工作，引进入驻饲草企业，大力建设标准化饲草生产基地，配置牧草机械开展种、收、贮工作，带动种草大户进行规模化种植，建立饲草料加工生产线、饲草储备棚和防灾减灾装备库为一体的饲草料产业园区，形成企业带基地、基地连牧户的“园区+企业+合作社+农户”发展模式。玉树藏族自治州、果洛藏族自治州纯牧业地区通过引导牧民利用圈窝子开展饲草种植、青干草加工，合作社储备饲草，形成有灾保畜、无灾补饲的理念，使得生产生活与生态环境更加和谐。

（四）促进主粮及其他特色产品安全供给

青海省立足区域发展条件和现实情况合理规划土地，“粮、经、饲”三元结构调整构建起了种养结合、粮草兼顾的新型农牧业结构，有力促进了农民增收、农业发展、农村秀美。青海省自2015年实施粮改饲以来饲草面积逐年扩大，从原来的15万亩扩至2019年的60.69万亩，饲草产量由原来的45万吨增加至121.35万吨；2015年全省粮食种植面积415.60万亩，粮食总产量104.81万吨，2018年粮食种植面积为403.06万亩，粮食总产量103.06万吨。饲草种植面积、产量增加的同时非但没有影响粮食作物生产，反而保障了牲

畜优质饲草的供给，更加促进了全省牦牛、藏羊产业发展提质增效。例如，互助土族自治县充分利用弃耕地、荒地等大面积种植饲草，不仅使土地得到有效利用，同时直接用于农民增产增收，保证了农户的土地收益。门源回族自治县麻莲乡村民将零散的耕地集中托管给当地饲草种植企业，由企业代为耕种管理，负责种植、施肥、收割、销售等田间管理工作，最后由企业以每吨360元的价格收购饲草。托管后的集约化管理方式降低了农药、肥料、田间用水等农资投入成本，提高了耕种管理效率，使土地产出效益合理化配置，入托农户增产又增收。

青海省具有农牧、草畜结合的天然条件和种养循环的良好传统，特别是高原特色生态畜牧业作为青海省优势产业和民生产业在绿色有机示范省建设中的分量重、引导作用大，种好草、养好牛已成为青海省发展特色畜牧业的基本共识，只有草料丰足、科学饲喂才能实现牛羊肥壮、生态平衡。“十四五”期间，青海省将努力实践、勤于探索，继续巩固和发扬草牧业循环发展的模式，力争走出一条产出高效、绿色优质、资源节约、环境友好的青海省特色现代生态农牧业发展道路，让青海省的山更绿、水更清、人更富。

全面推进粮改饲工作 加快现代畜牧业高质量发展

宁夏回族自治区

● 宁夏回族自治区农业农村厅

“十三五”以来，宁夏回族自治区认真贯彻落实农业农村部安排部署，加强组织领导，创新工作机制，强化技术支撑，深入实施粮改饲项目，着力推进农业供给侧结构性改革，建立种养结合、粮草兼顾、绿色循环的新型农牧业结构，为畜牧业高质量发展奠定了坚实基础。

克拉斯收获机收获冬牧70黑麦草

一、推动粮改饲工作实现全覆盖

宁夏回族自治区把实施粮改饲作为调整优化农业结构、推进草畜产业绿色发展的主要措施，在用好管好农业农村部下拨项目资金的同时，不断加大各级财政资金投入，提高粮改饲项目实施力度和辐射带动效果。2015年以来，农业农村部支持宁夏回族自治区粮改饲项目资金从3 000万元增加到12 610万元，自治区及各县区累计整合投入资金3.4亿元；农业农村部下达的粮改饲面积从15万亩增加到74.3万亩，宁夏回族自治区实际种植面积从29.1万亩增加到155万亩，加工全株青贮玉米从86.3万吨增加到551万吨，年均种植面积和收储数量全部超额完成。目前，宁夏回族自治区粮改饲工作实现了全覆盖，实施县（区）由最初的3个项目县（区）增加至21个，涉及畜种也由奶牛为主向肉牛、肉羊全面推广，饲喂全株青贮玉米奶牛场普及率达到100%，肉牛场普及率近70%，肉羊场普及率达到40%以上。

二、推动种养结合循环发展迈上新台阶

宁夏回族自治区始终把推进种养结合、构建新型种养关系作为深入推进粮改饲的主要方向。积极引导规模养殖场（户）、饲草收储服务企业等新型经营主体采取流转土地、订单、托管等种植形式，建立种养一体化基地，推广“饲草种植+青贮加工+牛羊养殖+粪肥还田”的发展模式，实施种养一体化的养殖场（户）比例达到45%，规模养殖场粪污堆肥还田利用率达到60%以上，种养结合、绿色循环的发展理念深入人心。以规模养殖场为重点，示范推广优质苜蓿青贮技术和“饲用小黑麦+青贮玉米”一年两茬种植模式，2020年加工制作优质青贮苜蓿13万吨，品质达到国家一级以上，推广“一年两茬”高效复种模式，种植饲用小黑麦5万余亩，亩产青干草750千克，亩均利润1 000元以上，有效提高了粮改饲实施效果。以固原等市肉牛养殖规模较大的养殖示范乡村为重点，推广“青贮玉米+肉牛”为主导的种养一体循环发展隆德杨河整乡推进模式、合作社（公司）+农户（贫困户）带动西吉模式和配送中心集中收储分户配送的泾源模式等，积极建立农民适度规模种养一体化模式，促进肉牛产业真正成为农民脱贫致富的主导产业。

宁夏饲草“一年两茬”生产——饲用小黑麦收割

三、推进青贮技术创新取得新成效

宁夏回族自治区把提高青贮质量和饲喂效果作为推进粮改饲工作、促进草畜产业节本增效的关键技术，不断强化青贮玉米生产加工与精准饲喂技术示范推广，保障粮改饲工作取得实效。组织区、市、县三级技术骨干成立粮改饲技术服务组，包片包点加强青贮收储等技术指导，落实粮改饲任务，做到任务到点、责任到人、技术到位。实施优质青贮行动计划，制定印发了《全区青贮玉米主推品种和主推技术》《优质全株玉米青贮调制技术手册》《青贮饲草料调制技术规程》等技术资料，加强种、收、储、用各环节的技术集成和示范推广，举办粮改饲专题技术培训班10余期，培训基层和养殖场（户）技术人员1 500余人次。组织开展青贮饲草料质量评鉴工作，着力提升全株青贮玉米品质，引（扬）黄灌区青贮玉米达到“双30”（淀粉、干物质含量均大于30%），达到国家一级标准，中南部地区青贮玉米达到“双28”（淀粉、干物质含量均大于28%），达到国家二级青贮标准。宁夏回族自治区全株青贮玉米质量全国排名第一，高于美国平均水平，在2017—2020年连续4届中国青贮饲草料质量评鉴大赛中共获得金奖7个、银奖4个、优秀奖9个、优秀组织奖4个。

四、推进粮改饲提质增效助推脱贫攻坚

实施粮改饲对宁夏回族自治区草畜产业提质增效起到了明显的促进作用。粮改饲地区覆盖奶牛57.4万头、肉牛30.4万头、肉羊34.8万只。通过科学调整日粮配方，增加全株玉米青贮饲喂量，减少苜蓿干草和精饲料饲喂量，降低饲喂成本，使奶牛日粮综合成本下降5%，每千克奶成本下降0.15元；肉牛和肉羊日增重显著提高，出栏时间缩短，育肥期饲喂成本分别节约260元、30元左右；基础母牛和母羊

日均饲喂成本分别降低0.8元、0.15元。粮改饲项目带动了宁夏回族自治区草牧业发展，青贮玉米种植面积不断扩大，享受项目补贴的青贮玉米种植面积占玉米种植总面积的25%以上，以养定种、调整优化种植结构成效明显。粮改饲地区农民在种植环节累计增收10.3亿元，在养殖环节累计节本增效20亿元以上。粮改饲项目在促进种养结合、带动农户适度规模养殖方面，为宁夏回族自治区中南部山区8个贫困县脱贫攻坚做出了突出贡献。固原市五县（区）和中卫市海原县政府相继出台了支持粮改饲项目实施优惠政策，多渠道整合、筹措财政扶贫资金2.6亿元支持粮改饲项目实施，促进项目区大力发展青贮玉米种植。“引草入田、立草为业、种养结合”的理念普遍增强，夯实了现代畜牧业发展基础，养殖综合效益不断提高，草畜产业成了贫困县脱贫摘帽的主导产业。

全株玉米青贮（地面堆贮方式）

红寺堡区天源良种羊繁育养殖公司

粮改饲破除饲草短缺瓶颈 助力新疆脱贫攻坚

新疆维吾尔自治区

● 新疆维吾尔自治区畜牧兽医局

2016年，新疆维吾尔自治区启动实施粮改饲项目以来，坚持“因地制宜、种养结合”原则，兼顾南北疆农牧业现状特点，以畜定需、以需定种，有力地促进了新疆维吾尔自治区种植业结构调整、土地流转、优质饲草料种植收储等工作，在提高牛羊养殖效益、增加农牧民收入、推动饲草产业发展等方面取得了积极成效。

一、强化政策联动，坚持以养带种，缓解饲草短缺问题

新疆维吾尔自治区提出“四良一规范”综合配套措施，通过配套良种、良舍、良料、良法及规范化防疫，提高畜牧业生产效率，其中的“良料”就是指全株青贮玉米、苜蓿等优质饲草料。2020年，新疆维吾尔自治区畜牧兽医局从财政资金中安排优质饲草产业发展资金1 500万元，用于优质饲草良种繁育、高效示范田建设以及饲草生产加工补助，推进饲草产业发展。同时，项目县（市）采取“政府引导，部门服务，项目支持，技术保障”等措施，积极引导养殖企业、饲草收储企业以及养殖大户与农民签订种植优质饲草订单，通过“企业+农户”或“企业+合作社+农户”等饲草种植模式，形成了因地制宜、以需定种的生产格局。

新疆维吾尔自治区粮改饲项目及中德牛业发展合作项目玉米青贮技术培训班

现场观摩

项目实施5年以来，种养结合机制逐步完善，全区优质饲草供应能力明显提升。据统计，2020年全区青贮玉米种植面积772.98万亩，青贮饲草料总产量2 457.83万吨，较2016年增长71.2%。

二、提升种养效益，助力脱贫攻坚，促进农牧民增收致富

南疆四地州属于全国“三区三州”深度贫困地区。粮改饲项目实施以来，新疆维吾尔自治区加大对南疆四地州的支持力度。据统计，五年来拨付到南疆四地州的粮改饲项目补贴资金达25 858.8万元，占资金总量的44.3%。2020年还在政策上向10个未摘帽贫困县所在地州倾斜，放宽实施主体资格条件，提高青贮饲草料收储补贴标准。

通过项目实施，一是提升了饲草料种植效益。据测算，在巴楚县推广的冬小麦复播全株青贮玉米，每亩小麦600千克、价格为2.3元/千克，干草小麦秸秆200千克、价格为0.8元/千克，全株青贮玉米3 000千克、价格为0.4元/千克，加上耕地地力保护补贴冬小麦220元/亩，较种植棉花增收157.7元。二是提升了牛羊养殖效益。全株青贮玉米营养好，易被牛羊消化吸收，可缩短养殖时间，加快牲畜出栏，养殖场（户）使用优质青贮饲草料后，日均饲料综合成本较使用前降低5%以上。三是提供了部分劳动就业岗位，增加贫困户收入。如南达新农业股份有限公司每年支出资金用于农产品采购、临时性、季节性用工等，带动当地9 000余户农牧民增产增收，并将200余名农民转化为产业工人，月均工资为3 200元。

三、丰富饲草供应，减轻草场压力，推进农牧良性循环

一方面，坚持因地制宜，在南疆推广复播青贮玉米，增加了土地利用率。通过正播小麦收获后复播青贮玉米，在增加人工饲草料供应量、丰富饲草料来源的同时，也减轻了天然草场压力。另一方面，全株青贮玉米就地转化为饲草料，在养殖环节产生的污物（粪便）经物理方法处理后可就地还田。这样不仅不用考虑秸秆的二次收储，还避免了因秸秆焚烧引起的环境问题，这对保护南疆地区脆弱的生态环境、提高种植户的经济收入等方面具有十分重要的意义。据了解，阿克苏地区正全力引导规模场建设粪污处理利用设施，打通粪肥还田通道，以实现改良土壤、培肥地力、农作物增产增效和农牧业良性循环发展。

2020年，新疆维吾尔自治区73个粮改饲项目县（市、区）的实施主体共完成种植青贮玉米107.3万亩，收储青贮玉米395.89万吨，分别完成计划任务的113.67%和114.15%。根据2020年自治区印发的《关于促进新疆畜牧业高质量发展的意见》，“十四五”期间，将新增200万亩优质饲草种植面积。因此，大力发展人工饲草料种植，是新疆维吾尔自治区今后的一项重要任务，继续实施粮改饲项目，将进一步激发农牧民和收储主体的积极性，有助于新疆维吾尔自治区饲草产业迈上新台阶。

粮改饲带动作物结构调整 力促兵团奶业振兴

新疆生产建设兵团

● 新疆生产建设兵团农业农村局

2020年，新疆生产建设兵团（以下简称“兵团”）开始实施粮改饲项目，完成青贮玉米种植11.5万亩。通过项目实施，农业产业结构得到进一步调整，推动了畜牧业转型升级和兵团奶业振兴，为奶业发展所需优质牧草奠定了基础保障，加快农业由传统的“粮、经”二元结构向“粮、经、饲”三元结构转变，实现了种养结合、农牧职工增收的双赢局面。

一、主要工作举措

为做好项目实施工作，2020年兵团农业农村局制订印发了《2020年兵团高产优质苜蓿、粮改饲项目实施方案》（兵农发〔2020〕47号），明确了项目资金使用方向、实施范围和对象、补助标准、申报程序、监管措施等，并根据南北疆地区青贮玉米产量不同制定差异化补助标准，各项目师（市）制订细化实施方案，明确种植地块，确保项目实施。

二、试点成效

（一）促进农民增收

全株青贮玉米种植可减少种植工作环节，减轻人员劳动强度，缩短种植周期，明显增加种植收益。相对籽粒玉米，全株青贮玉米种植户亩增收20%。通过使用优质青贮饲料，奶牛饲料营养结构得到改善，奶牛单产平均提高300千克以上，产奶量和生鲜乳品质都得到了提高；同时，奶牛的体质状况也得到了明显改善，发病率明显下降；显著提高肉牛的干物质采食量和日增重，降低料重比和饲喂成本，肉牛可提前约30天出栏，一头肉牛饲料成本降低近900元。

（二）促进生态环境改善

牛粪发酵全株青贮玉米生态效益明显。通过实施粮改饲项目收购青贮玉米，确保生产出来的青贮玉米等饲草料被养殖场牛羊消化利用，实现就近转化增值，解决了因秸秆焚烧带来的环境污染、土壤受损、耕地质量下降等一系列问题。

（三）实现种养良性循环

与种植户签订种植、收储和粪肥还田协议，增加了职工收入，在保障饲料供给的同时促进了粪污资源化利用，减轻了环境压力，实现了“奶牛养殖—粪肥—种植”种养优势互补和良性循环模式，促进了畜牧养殖和环境保护的和谐发展。

（四）促进作物种植转变

通过项目实施，实现了玉米资源就地利用，推进粮食作物种植向饲草作物种植转变，对构建兵团种养结合、农牧循环的良好局面，加快兵团畜牧业现代化进程起到了积极推动作用。

三、典型模式

第八师石河子市奶牛养殖龙头企业天山军垦牧业有限公司旗下有17个子公司，奶牛存栏量约4万头，其中泌乳牛存栏2万头。经过严格筛选，天山军垦牧业有限公司成为第八师粮改饲示范项目实施单位之一。该企业养殖占地6 200亩，流转土地5 800亩，建有标准化奶牛舍44万平方米，青贮窖池144万立方米，草料库3.6万平方米，奶牛存栏和奶产量在全疆同类企业中稳居第一。在项目实施过程中，通过订单收购青贮玉米、流转土地自种等方式开展粮改饲示范项目，成效显著。该企业与种植户合作，签订收购合同，并派出专业技术人员进行全程指导，严把青贮玉米质量关。2020年，该企业共收购全株青贮玉米24 531吨，引导农户自种和土地流转种植青贮玉米约2万亩，基本满足了奶牛场粗饲料的需求。通过种养结合，养殖场饲喂奶牛的饲料营养价值得到进一步提升，奶牛单产从过去的7.5吨提高到8吨以上，每头奶牛年收入增加约2 500元，2万头泌乳牛年收入增加3 650万元。种植青贮玉米的农户由单纯售卖（350元/吨）转变为养殖场收购（400元/吨），可增加收入50元/吨；此外，种植青贮玉米免去了收割、晾晒、脱粒等工序，可节省费用150元/亩，综合来看，可使种植户增加收入350元/亩。天山军垦牧业有限公司因收购青贮玉米为周边职工增收约125万元。